大是文化

The Grief Recovery Handbook

一個人的療癒

真正的放下，是你不介意再度提起

美國傷心療癒協會創辦人
約翰·詹姆斯
John W. James

美國傷心療癒協會前任執行長
羅素·傅里曼
Russell Friedman
著

林錦慧 譯

目錄
CONTENTS

第四部　如何面對其他生命中的陷落

推薦序一

生活會令你受傷，但你也因此懂了療癒

諮商心理師、作家／蘇絢慧

人生的過程，我們總難免受傷。打從我們出生開始，離開了母體，便歷經一連串的生活挑戰，行走是挑戰，學習是挑戰，生存本身就是挑戰。

每個人都有他既定的命運安排（那些不可改變的），也有他獨特的機會安排（那些他可以選擇及改變的際遇）。但無論如何，失落及心傷，卻是我們必經的人生經歷，也是成長的代價，沒有人能避開。

當我們在生命的歷程受傷、失落、挫折……之後，究竟該如何療傷？又該如何才能再重拾力量，為自己的人生再次起步？

療傷的困難之一，在於「傷心」和「失落」，很難「被懂」。因為人們（包括自己）總是想要跳過處理過程，直接進入「解決」的目的。外在的訊息，總是催逼的或強迫的，要失落者立刻沒事、立刻堅強、立刻勇敢，或者該為了其他人的觀感，趕緊將自己放置在「正常軌道」裡，不要混亂及失序。

所以，**療癒，其實適合自己一個人**。

一個人好好的陪自己整理；一個人將心中那些悲傷情節好好回看；一個人好好面對及道別，無論是好的壞的經歷，一個人學會坦承、學會接納及原諒生命的過程。

療癒，其實是自己與自己的事，無關於外在的人的態度、反應、評價，也不在於那個人到底原不原諒、懂或不懂、關注或不關注。

當你越希望被懂、被關注，越會因為不被懂、不被關注，而忿忿難平，又激烈的期待及要求被懂、被關注，療癒將離你越來越遠。

因為，你認為的療傷，必須取決於「外在」的回應及對待，而不是從內心，真正和這些失落、傷痛、遺憾、怨恨……和解。內心，仍如此抗拒痛苦的發生，期望著他人（重要人物）能為這份痛苦，表達歉意、懊悔、悲痛、不捨……。

然而，他（們）並沒有出現、沒回應、沒有任何歉疚的表現。彷彿這份悲痛失落，是「我一個人的事」，那種委屈和不公平的挫折感，使你內心翻攪，時而狂怒、時而低落憂鬱。在惡性的情緒痛苦循環下，你與自己的關係，都無法修復，又如何談及療癒呢？

《一個人的療癒》是一本我非常鍾愛的療傷書。自出版中文譯本以來，我不斷的介紹、推薦，也鼓勵人們透過書本的引導，好好練習療癒自己。這本書陪伴許多人走過療傷的歷程，也陪伴了我。如今，本書改版，能受邀專文推薦，自然是義不容辭，誠心所願。

當你使用這本書時，我以過來人的身分建議，盡可能的用你的心（情感）和書中的文字連結、對話，去感受自己、體察自己。

書中有一些練習，需要你的實作。需要在你一個人時，靜下心來，完成這當中所需要重整（書寫）的功課。越誠實的走過這一趟，你越能接納真實的自己。

療癒，是修復內在的自己，所以憶起過往的事，重點不在於「那個人」、「那些人」到底做了什麼，而是你能不再妖魔化或神化任何人，才能如實的面對自己。否則，也是偏頗及失誤的看待自己。

如果，有適合的人（不要是太親暱的家人、朋友）願意靜靜的陪伴你，同感於你的歷程（不需想幫你解決情緒），請他做個見證者就好，看著你走過、看著你經歷、看著你領悟、看著你安放，不打擾你，或催逼你，能有這樣的人陪伴，當然是好。但是，若沒有適合的人，就讓自己一個人，如實的進行。有時候，一個人反而安心，同時也鍛鍊了自己真實的力量。

常常有人問我，究竟怎樣的狀態，可以知道自己「療癒」了呢？其實這個答案，可以由自己來定義，你認為你療癒了，那麼沒有人可以質疑你。然而，如果對你而言，很難單靠自己的力量，就確信自己「療癒」的話，或許這本書的觀點——「真正的放下，是你不介意再度提起」，會是一個參考。

而我對「療癒」的觀點是：療癒，不僅讓我們不介意再提起過往的那些傷痛或失落，也讓我們不再需要刻意提起那些傷痛及失落。我們接納生命發生的如是，不再想盡辦法否認及推拒，也不再刻意討取同情及撫慰。**我們和自己之間，和平而不興起討伐，不因那些失落或傷痛，想隱藏或毀滅自己，也不再追討這世界的補償**。這樣的過程，不是無奈及無助的認命，而是再怎麼苦痛的遭逢，都懂得珍愛自己的生命，不再與自己為敵。

但願這本書也能陪伴你，領悟屬於自己的「療癒」。

推薦序二

不僅是「一個人」的療癒，而是一個「人」的療癒

諮商心理師、暨南大學諮商心理與人力資源發展學系助理教授／李素芬

《一個人的療癒》，當時，是這個書名吸引了我。因為，我以為這是一本寫著一個人自己就可以進行療癒的書，而我常覺得，如果自己就可以進行療癒，那是多麼珍貴的一個禮物。但細細讀完後，我發現這不僅是「一個人」的療癒，而是一本寫著一個「人」如何療癒的書。是一個面對失落悲傷的「人」，諸多有關失落的覺察、探索以及自我療癒的操作指引。

書中很多的療癒行動是自己一個人可以做的功課，然而本書作者也鼓勵做完功課之後，如果可以的話，找到一個適合的人或團體說出來或者表達出來。

我有些預期外的驚喜，因為這無疑在驗證「完形治療學派」中所提，自我支持與環境

支持要能保持平衡的概念。

在失落傷心時，我們常接收到一些似是而非的回應與安慰，例如本書提及不要難過、下一個會更好，或者堅強、撐下去、讓時間撫平傷痛等話語。

然而，這些並無法療癒我們的傷痛，只是阻止了我們去咀嚼與消化傷痛。正如作者所說「傷心的人想要被聽到，需要被聽到」，我想要傳達的是，**傷心與失落需要被允許，需要有一個空間可以被接受與包容**。

本書的主軸，在我看來是一趟「未竟事宜」的處理歷程。不管是回想失落史、畫出想了結的關係圖、寫療癒完成信等，這裡頭包含著覺察與敘說，是一個抵達與離開的情緒處理過程。

我所稱的未竟事宜，處理過程涵蓋作者提出療癒的五大行動，包含確實覺察到未了結之情緒、為自己未了結之情緒負起責任、找出關係中未說出口的療癒關鍵話語、寫或說出沒有說出口的話，最後則是與未說出口的話及痛苦說再見等行動。未竟情緒的覺察與告白，是自我療癒的重要歷程。

在此版第四部分「如何面對生命中的陷落」，作者將各式各樣、大大小小、有形無形的失落經驗，如對人、對物、對上帝、對健康甚或信任或安全感等失落，都運用本書的療癒行動過程來加以舉例或說明，使得本書對一個「人」的失落療癒貢獻更顯豐厚與寬廣。

另外順道一提。在我的諮商實務經驗中，常覺得原諒或寬恕不容易。作者表示，原諒是「不要再一味的希望能有個不同或更好的昨天」，這句話讓我一再玩味，深思許久，也讓我對原諒有了一個新的觀點。

這本書不僅是「一個人」的療癒，而是一個「人」的療癒！希望閱讀本書的你，有機會在此書中找到自我療癒的方式，減少心理上的苦。

前言
獻給每位想自我療癒的人

會有這樣的人嗎？一大早眼睛睜開，對自己說：「傷心，真是個好點子，我要拿來當成我這輩子的志業。」這種事不太可能發生，但筆者（約翰與羅素）就是在「傷心療癒協會」（Grief Recovery Institute）工作。當然，這不是一夜之間的事，我們得先簡單介紹一下自己、這個協會，還有這本書。

一九七七年，約翰失去了他剛出世的孩子，椎心之痛帶領他進入「療癒」這個領域，後來他找到了克服傷心的方法，也回到工作崗位，繼續原來的太陽能生意。認識他的人聽說了他的故事，紛紛介紹許多與喪失摯愛之痛搏鬥的朋友來找他。沒多久，約翰花在幫助這群傷心人的時間，幾乎跟花在生意上的時間一樣多，而前者帶給他更大的成就感。他終於明白，「療癒」是他的天職，傷心療癒協會因此誕生。

羅素走上「療癒」這條路的理由和約翰不同，是起因於二度離婚與破產的雙重打擊。要不是朋友拖他去聽約翰的療癒講座，他根本沒想過自己的狀況可以跟「傷心」畫上等號。羅素因此領悟到，他有個方法可以幫助自己排解痛徹心扉的感受。聽完講座隔天，他現身「傷心療癒協會」，自願擔任志工。二十一年後的今天，他一直是協會重要成員。

傷心療癒協會成立的目標，也是協會一直遵循的首要原則，就是**盡可能在最短時間內，協助最多人脫離傷心**。為了達成這個目標，我們在美國和加拿大各地辦講座、開設療癒課程（Outreach Programs）。課程內容還不夠完美，但從我們獲得的迴響可以看出，很多人需要更多協助。於是，我們自費出版《一個人的療癒》第一版，用來滿足這樣的需求。第一版的暢銷也意味著，如果有主流出版社願意與我們合作，或許可以擴大我們的觸角範圍、幫助更多傷心的人。

一九八八年，哈潑柯林斯出版社（Harper Collins，當時的名稱是Harper & Row）同意出版這本書的修訂二版，因此讓更多傷心的人獲得協助，療癒自己的失落（loss）。我們的合作模式非常成功。

雖然我們無法精確算出到底有多少人因為本書得到幫助，不過保守估計受惠人數可能超過百萬。我們很感謝過去所有對這本書有貢獻的人。特別要感謝數千位傷心的人，他們透過電話、信件分享自己的生命故事。還要謝謝忠實讀者的意見回饋和指教，讓我們得以在新版本做修正。此外，我們也要向數千位認同這項工作的專業人士致意，你們的建議和鼓勵是我們的無價之寶。

從一九八八年的版本推出之後，來到二〇〇八年，這二十年中，我們陪伴了數百萬傷心的人，也學到更多、更好的方法幫助他們面對傷心、解決問題。我們很高興能夠把這二十多年來的經驗，以更容易理解的方式傳達給大家，也就是你現在手中的《一個人的療癒》，本書的第四部就是全新增加的內容。全新修訂版仍然不改我們的初衷：「**有了正確的資訊、正確的選擇，每個人都可以在遭遇重大失落的情況下，獲得療癒。**」

我們曾在各種你想像得到的機構開課、擔任顧問，包括大專院校、醫院、酒精與毒品勒戒中心、殯儀館與葬儀公司，還有各種社福、宗教、哲學團體，足跡遍及美國和加拿大。從學術的角度來看，這份名單或許充滿濃濃知識味、很了不起，但從學術角度看療癒，卻會完全與情感無關。

前面提過，我們之所以投入療傷事業，並不是為了知識上的追尋，而是因為心碎。每位翻開這本書的人，都是曾經心碎或正逢心碎。你已經知道自己心碎，但你可能更想知道：「我該怎麼辦？」**你可以從這本書裡頭找到答案。書裡所提出的療傷概念與方法可說**

是項突破，可以協助傷心的人成功療癒失落。

大多數專業人士是從概念、理智的角度，來討論傷心這回事，這個方法通常是可以讓傷心的人深入了解傷心，但對真正療傷卻幾乎沒有什麼幫助。這本書則是完全把重點放在：如何從死亡、離婚等失落所導致的痛苦情緒中療癒。

如果你正努力想從尚未化解的傷心中掙脫出來，**這本書所提供的方法可以帶領你結束傷痛**。我們知道，療癒不是一段輕鬆的旅程，你的失落可能已令你的心扉緊閉。如果你願意，我們願意陪著你一起行動，讓你再度敞開心扉。你可能會畏懼踏出療癒的第一步，也可能在這過程中會感到害怕不安，但請不要忘了，有成千上萬人已經加入我們的行列、使用了我們的方法，你大可拋下憂慮，一起開始踏上療癒的旅程。

祝你一路好運。

第一部

著手跟自己的心碎告別

開始前的叮嚀

如果你拿起這本書，可能你的內心還需要療傷。你曾經心碎過，即使漸漸癒合了，但失落還在。

可能是親愛的人過世，也許最近發生，也許已經是好久以前的事。

可能是一場離婚或感情關係的決裂。

還可能是人一生中會碰到的另外四十幾種失落，讓你碰上了。

也可能是因為覺醒，你突然發現自己的人生，並不如你原先想的那般快樂或滿意。

不論心碎的原因是什麼，你很清楚自己的感受，而且大概不是很好受。

這本書不是要告訴你會有什麼感受，因為你自己已經明白，當然你也不會在本書中看到「我了解你的感受」，因為我其實並不了解、也沒有人能了解，每個人頂多只能記得自己失落時的感受罷了。

就算你已經習慣忍受痛苦轉折，接受這就是人生，本書還是要**告訴你該怎麼做，才能重拾快樂**。

開始讀這本書之前，希望你先知道一件事：能不能成功排解痛苦，有沒有「方法」

是關鍵。成功排解痛苦的人，都按照一套明確的計畫進行，希望你也遵照這樣的計畫。

這本書提供你一些必要的資訊，目的是幫你從失落中站起來。只要是真心想療癒的人，都可以從本書中得到很多。透過這本書，你可以選擇終結傷心、得到療癒，而不再孤立與逃避。如果你循序漸進善用本書，療癒效果將會加倍。

提醒你，請不要抄捷徑，這樣只會不知不覺又走回行不通的老路。請好好照著這本書的順序，閱讀其中的建議、說明、準則，這是本書為你設計的，即使你一個人，也能走在療癒的道路上。

請注意，本書並非教學手冊，所以不要認為，閱讀本書或採用本書的方法之後就足以協助他人，我們另設有專門的教學課程提供給需要的人。

第一章　傷心，我們常輕忽和誤解

不管我們遇到哪一種失落，感到傷心都是正常、自然的反應；問題是，這個社會卻一再告訴我們完全相反的事情。

傷心既是正常且自然的反應，顯然也是所有情緒當中最強烈的，卻也是我們（包括傷心者和周遭的人）最常輕忽和誤解的。

傷心但也鬆了口氣，矛盾

傷心的起因，是你熟悉的某種行為模式終止或改變了。但為什麼我說傷心是一種矛盾的感受？這裡舉幾個例子來說明。

如果你摯愛的人在受盡長期病痛之後過世、終於可以不必再受病痛折磨，你可能會有種稍微放鬆的感覺。這種感覺是正面的，只可惜是伴隨死亡而來。同時，你得接受再也看不到、摸不到他的事實，因此覺得非常痛苦。既感覺放鬆，但是又痛苦，這種矛盾的感受是面對死亡時的正常反應。

那離婚也會有矛盾的感受嗎？是的。你或許因為不必再和對方爭吵而感到自由，這是正面的感受；但同時開始擔心自己接下來的人生，或許再也找不到這種條件（漂亮、有錢）的另一半。

自由與害怕，這兩種互為矛盾的感受，也是面對失落時的自然反應。

不論是感情、社交、家庭還是生意上的關係，都包括熟悉親暱的成分，那麼從這些關係來看，還有哪些失落會導致類似死亡和離婚的矛盾感受？畢竟，人的一生還有其他許多失落，都會讓人傷心。以下是些失落的例子：

失去了寵物。

搬家、變動。

開學。

另一半過世。

婚姻。

畢業。

戒掉某種癮頭。

健康問題。

退休。

財務危機。

假期結束。

法律訴訟。

孩子因求學、工作離家（空巢期）。

我們不會將以上這些生活中的失落經驗全部當成傷心事件，只有在這些經驗造成我們失去了重要的關係時，我們才會傷心——就是因為至關緊要，所以會影響情緒。

如果到目前為止，你生命的重大失落都與死亡無關，也不要因此就把這本書放下。

「不要難過」讓人更難過

與傷心人共處三十多年的經驗告訴我，失落還包括失去信任感、安全感或是自己身體的掌控權（家暴或性虐待）。但我們的社會不把這些失落當成傷心事件。

失去信任感幾乎是每個人都有的經驗，而且可能對你一輩子造成很大的負面影響。你可能對父母、上帝或是對任何一段關係失去信任。

失去信任感算是傷心事件嗎？當然是。我們解決這類傷心時，也會碰到相同的問題：傷心是正常且自然的反應，但我們準備不夠，不足以解決。傷心是心破碎，不是腦袋破碎，一味的想用頭腦來治療心碎，只是徒勞，因為腦袋不是解決傷心的正確工具。這就好比你拿榔頭來粉刷牆壁一樣，結果只搞得一團糟。

所有理性的建議幾乎都會以「不要難過」來開頭。一九七七年，約翰剛出生的孩子夭折，有位好心的朋友安慰他：「不要難過，你們還可以再生。」這句話聽來非常理智（意味著約翰夫妻還有生育能力），但是在這樣的情況下這麼說，不僅牛頭不對馬嘴，更是說者無心的言語傷害，因為這句話等於是把約翰很自然的、正常的情緒看得微不足道；但事實上，約翰難過到心都碎了。

羅素和妻子離婚時身心交瘁，同樣的，有位朋友告訴他：「不要難過，下一次婚姻會更好。」**「不要難過」的建議雖然多半很理智，但聽在傷心人耳裡往往缺乏感情，反而讓他們感到更疑惑、挫折，覺得自己的情緒沒人能懂。**

社會觀念一直教導我們，要拿出理智來解決各種問題，這導致傷心仍是至今未解的一大難題。這種想以理智來解決的態度，甚至促成多篇認為傷心是男女有別的學術論文。男性與女性的社交方式的確有差異，不過在面對傷心、痛苦、負面情緒時，男性和女性的能力同樣有限。情緒本身不分性別，無論傷心或快樂，都不分男女。

我不是說處理傷心時，理智完全派不上用場。畢竟，你現在正在閱讀一本書，這就是一項理智活動。這本書的目的是讓你了解一些概念、幫你採取行動，所以，理智顯然還是扮演一個重要的角色。

為了毫無保留的投入另一段關係

宗教與心靈方面的領袖早在數百年前就已經指出，人應該把「失落」看成是開發個人精神層面的大好機會，但是在現代生活中，我們對如何捱過強烈的情緒痛苦有太多誤解，導致我們幾乎不知道該如何面對、處理失落。

所謂的「療癒」，是什麼意思？

◎你的感覺會好轉，是你在主宰境遇，不是境遇在擺布你。

◎找到生活的新意義，不怕再度受傷。

◎能夠享受美好回憶，不會有突來的懊悔或自責等痛苦感受。

◎能坦然接受「偶爾難過」是無傷大雅的，也能侃侃而談那些難過感受。

◎能夠原諒別人的言語與行為，因為你知道：他們不了解傷心。

最重要的是，療癒是我們早該在幼時就學會的能力，療癒力可以讓我們直接正視、處理自己的失落。

大多數人都明白，我們回到家時，不能保證摯愛的家人一定還活著；離過婚的人也明白，回到家時，不能保證另一半還愛著我們。**療癒能力可以助你一臂之力，幫你收拾好破碎的心，這樣你才能毫無保留的投入所有關係當中**。終結失落之後，從中得到的智慧和自由會給我們額外好處：讓我們可以毫無保留去愛。

很明顯，從重大的情緒失落中療癒並不容易，需要注意力、開放的心胸、意願，還要加上勇氣。

傷心不會在降臨前先敲門

美國開國元老富蘭克林（Benjamin Franklin）曾說，世界上有兩件事情很確定，一個是「死亡」，另一個是「納稅」。正在讀這本書的你，記得還要再加上一件：「失落」。人生一定會經歷許多失落，雖然失落的經驗放諸四海皆有，但人們對於如何療癒知道的卻太少。

傷心的人一直想找機會療癒，他們尋求各種可能的協助管道，參加互助團體（support group）、閱讀小冊子、買書，這些事都做了，但他們所面對的事實仍然沒變：整個社會還是能力不足，無法協助他們成功終結傷心。未化解的傷心隨著時間持續累積，不管這股傷心是來自死亡、離婚，還是來自其他各種失落，不完整的療癒會產生一輩子的負面影響，使得人很難能讓自己快樂。

療癒，該怎麼做？

我們都知道，**傷心人必須做出一連串微小但正確的選擇，才能完成療癒。可惜的是，大多數人都沒有做出正確選擇所需的資訊**。這本書就是想將正確的療癒觀念告訴每位真心想發掘、終結痛苦情緒的人。不管你經歷的傷心是因為摯愛死亡、離婚，或是其他各種失落，本書討論的原則都一樣對你有用。

摯愛死亡會產生一些情緒，你會有這樣的感覺：當你想去找那位原本一直都在的人，卻突然發現他已經不在。

有些人拿起這本書，是因為有段有問題的關係，這裡稱為「不是那麼親愛的關係」（less than loved one），而這段關係裡的另一方永遠不在了，造成失落。這樣的感覺像是：你想去找一位原本就一直不在的人，現在也還是不在。如果你跟某個還活著的人一直處於不是很和諧的關係，而你認為有必要發掘、並終結這段關係所帶來的未了結情緒，也會有上述這種感覺。

離婚所造成的失落，也可歸類為「不是那麼親愛的關係」。離婚雖然讓雙方切斷了夫妻、性、社會規範的連結，但並沒有將情緒上的連結做個了結。經歷離婚的男女，若是沒有從這段失落中真正得到療癒，他們往往容易在往後的感情關係中，一再犯同樣的錯、繼續不斷受傷。

過去事沒了結，未來注定失敗

對於離婚，本書的立場無關道德、法律、宗教或社會，只是單純相信：涉入一樁離婚的所有人，都是傷心的人，包括這對怨偶的小孩、父母、兄弟姊妹和周圍親朋好友。這樣的態度比較單純，可以讓我們始終清楚明白，**未解決的傷心才是首要問題**。

離婚（或是男女朋友分手）會讓人傷心，不但會成為一輩子揮之不去的事實，對往後的關係也可能造成負面影響。若是與前任配偶之間的傷心情緒未化解，日後必定會讓人害怕做選擇。未化解的傷心會令人產生過強的自我防禦，以避免自己再度遭受情緒之苦，這種過度的警戒心會讓人不再開放心胸，不再信任人、愛人，往後的關係當然注定失敗。

因此，你需要回過頭去結束過去的關係，才能提高目前這段關係成功的可能性。如果你仍然覺得孤立無援，希望這本書帶給你勇氣，去結束過去的關係，你才能大膽的重新投入這個世界，追尋、經營一段全新、健康的關係。

第二章 沒有「走不出來」這回事

光是傷心就已經夠難處理了，不幸的是，往往還有很多其他因素跑來湊熱鬧，妨礙我們療癒傷心。有些陷阱要提醒你注意，避免讓你的療癒之路陷入泥淖，甚至中斷。

情緒哪能分階段？

知名生死學大師、臨終關懷之母伊麗莎白・庫伯勒・羅斯（Elisabeth Kubler-Ross）在《論死亡與臨終》（*On Death and Dying*）指出，一個人被診斷出罹患不治之症到臨終前，情緒上會經歷五個階段：否認（denial）、憤怒（anger）、討價還價（bargaining）、沮喪（depression）和接受（acceptance）。

羅斯的研究帶來的結果是，很多人往往會把這種「階段」的概念套用在其他情緒上。

然而我們認為，伴隨死亡、離婚等失落而來的傷心，不應該套用「階段」的概念，因為傷心的本質和程度因人而異，每一段關係都是獨一無二的。

羅斯的貢獻讓世人更了解和人世告別的過程；不過，許多專業人士、一般大眾一直試圖套用她的階段論在其他因失落而起的情緒，這是不對的。

羅斯認為，一個人被告知罹患不治之症後，第一個反應是否認（第一階段）。如果缺乏其他資料的情況下，她這個觀點常被誤解成：一個人遭逢他人死亡或離婚的打擊之後，一樣也會經歷否認的階段。

這麼多年來，我接觸到的傷心者當中，還沒看過有人「否認」自己遭逢失落。他們會說的第一句話是「我媽媽過世了」、「我的狗死掉了」或是「我妻子跟我離婚了」。這些話清楚反映出，他們完全不否認自己身上有失落事件發生。包括現在正在看這本書的你，也一定不會否認你（以前或不久前）失落了某些東西，所以你才會拿起這本書。

同樣的，很多探討傷心的文獻堅決主張：人遭逢失落時一定會憤怒，但我們並不完全認同。有時候，是否產生憤怒情緒，與失落發生時的情境有關，如果是之前提到的「不是那麼親愛的關係」，這時若發生失落或許會帶有怒氣。

不過，如果一味的認定憤怒是必然的情緒，不僅不正確，也很危險。舉例來說，許多人遭遇親人過世時，通常不是帶有怒氣的，以下有段簡短的描述：

> 跟我很親的九十二歲阿嬤病逝了，一切來得突然，我很慶幸她沒受什麼折磨就走了。我才剛陪她共度一段時間，告訴她我很關心她，很高興我做了這些事。從阿嬤的喪禮可以清楚看出她做人成功，好多人來悼念她、談論她，我很喜歡典禮的氣氛。喪禮上，有位好心的朋友提醒我向阿嬤說再見，我說了，心裡也覺得開心，我完全沒有絲毫怒氣。

這是個真實故事，但如果這則故事的情節稍有不同，可能就會引發完全不同的情緒。要是這位孫子在阿嬤過世前，沒能跟阿嬤聚聚、聊聊天，他或許會遷怒那些讓他無法跟阿嬤談心的因素。或是祖孫兩人的關係不是那麼好，孫子生氣的對象很可能是他自己，氣自己為什麼沒有趁阿嬤在世時好好修補兩人的關係。

請不要認為，未化解的傷心必然會有怒氣。有些傷心人會憤怒，有些不會。如果你有怒氣，你該做的是把原因找出來，了結它。

傷心者的當然反應

雖然我們不該將傷心分階段，不過很多傷心人都會有一些相同的反應。

注意力減退

一個傷心人在臥室裡，他想去廚房拿點東西，一走進廚房，卻完全想不起自己為什麼要到廚房，也不知道自己要拿什麼。一直沉浸在失落情緒中、完全沒有能力集中注意力，似乎是傷心時普遍的反應。

感覺呆掉

傷心人通常會告訴我們，得知某個失落事件時，他們第一個反應是完全呆掉。這種感覺可能是身體上，也可能是心理上，也可能兩者都有，每個人持續的時間不一樣，但很少持續超過好幾個小時。這種反應常常會被誤認為是「否認」的情緒。

睡眠模式混亂

傷心人不是睡不著，就是睡太多，兩者也會交替出現。

飲食習慣改變

傷心人不是沒胃口，就是不停狂吃，兩者也會交替出現。

情緒起伏不定

傷心人表示自己的情緒會忽上忽下、一下亢奮一下低落，因此常常覺得情緒與體力都被掏空了。後面的章節再深入討論這種反應。

其實，以上**這些也都是面對「失落」時，正常且自然的反應**。這些反應並非每一項都會出現，也不是按照一個階段、一個階段的次序發生，我們沒辦法告訴你會持續多久，因為每個人的情況不一樣。

雖說傷心和失落沒有分階段，但我們總會將自己的情況歸類，如果這些分類是心理治療師、牧師、醫師這些權威專家給的，我們更是堅信不移。

但，不要讓任何人替你設下任何時間表或分階段。

傷心裡沒有絕對，也就是說，沒有哪一種情緒反應是所有人都會經歷的，你要認清一個永遠不變的事實：每段關係都是獨一無二的。

「永遠走不出來」？沒這種事

「永遠走不出來」是一個危害最大的錯誤觀念。喪子的父母會認為自己「永遠走不出來」，遭遇其他失落的人也常這麼說，他們還會找出符合的資訊和情緒，來證明這句大錯特錯的話沒有錯。

換個比較精確的問法：「我們有可能忘掉過世的孩子、另一半或父母嗎？」答案當然是否定的。但是，**「永遠忘不掉」和「永遠走不出來」並不一樣，「永遠走不出來」是有害的想法，會讓傷心人的心永遠處於破碎狀態，容不下任何療癒的因子，**甚至會完全阻絕他們想起任何與逝者有關的美好回憶。

我曾輔導過一位女性，她的女兒在幾年前的二月自殺身亡。她告訴我，每年二月快要到時，她對女兒的思念就會越來越深，而思念裡頭的感受是痛苦的。我可以理解她的感受，也明白每當二月到來時，為什麼她會感到如此強烈的痛苦。她熱淚盈眶，一面述說著她與女兒的關係，她說：「我的心永遠都碎了。」

大部分人會默默認同她這麼說，讓對話繼續下去，但我不這麼做。我問她：「妳會不會常常想起有關女兒的美好回憶？」她說：「會。」我接著問她：「這些溫暖、愉快的回憶浮上腦海時，妳有什麼感受？」她說：「這些回憶讓我心情很好。」於是再問：「當妳有愉快回憶時，妳還會覺得心碎嗎？」她說：「不，我不會覺得心碎。」

最後我建議她，千萬不要說自己「心永遠都碎了」，應該改說：「有時候想起女兒的痛苦，或是她已經不在了，我覺得心碎；但是**一想起她的好**，我就覺得快樂，我很慶幸能與她有共同的回憶。」

不論是傷心人、專業人士口中，或是文學作品，都會出現這種常見但錯誤的想像：「我忘不了她，有時還想起她，所以我走不出失去她的痛苦。」如果你預先有了這種悲劇性的設定，生命一定會受到限制、壓縮。

療癒，不必準備好才開始

前面提過，感覺呆掉、注意力減退，都是傷心人當然的反應，儘管會出現這些反應，但傷心人還是會願意談談失落發生的情形，也願意回顧這段關係（所有失落都是如此），因此，有效的療癒工作幾乎可以立即開始。透過這些回顧，很容易挖掘出許多未傳達出去的情感，即使是最深愛、最圓滿的關係，也可能存在一些沒有妥善解開的情緒。

遭逢失落時，記憶的正確度會增強，這時是收集大量記憶的好時機。傷心人需要、也想要談談自己的失落。全家人聚在一起回憶、談論剛過世的家人，是很正常的現象。同樣的，發生了離婚、退休、寵物死亡、失業、健康出問題等狀況後，與這些關係有關的人通常也會立刻聚在一起，談論、分享這些關係或事件裡頭的經驗，好的和壞的都談。

把失落和關係拿出來談，的確很棒、很好，但是通常不足以讓人感覺真正結束了，我們還必須採取其他行動，才能把談論這些關係時發現的痛苦做個了結。

我在傷心療癒協會裡最遺憾的經驗是，有人報名參加療癒講座或課程，最後卻沒有出現。有些人會打電話來取消，他們的理由是：「我的心理治療師認為我還沒準備好，還不能面對失落。」

以下這兩段式的小測驗可以講清楚、說明白：「何時開始療癒比較好？」

一、如果你跌倒，鮮血直流，你會立刻尋求醫療照護嗎？答案顯然是肯定的。

二、如果因為某些情況與事件，你的心破碎了，你會立刻尋求治療，還是讓自己的情緒失血至死？你會選哪一個？

療癒開始的時間有可能嫌早嗎？不會。

投入療傷事業的頭十年，我花很多時間協助殯儀館負責人、殯葬人員或神職人員，讓他們更有能力幫助傷心人。那些專業人員都是在死亡事件發生後幾個小時、幾天內，就立刻開始協助相關的傷心人。因此，想處理自己的傷心，更是永遠不嫌早。

傷心人都孤立，沒人能「結束」

情緒上感到孤立，是傷心人的一大問題，若是又一再執迷於失落的起因，像是摯愛的人死於自殺、他殺，或是愛滋病等悲劇事件，孤立感往往會更加深。

按照定義，傷心是情緒性的。這不是說死因不會產生情緒，如果我們深愛的人死於悲劇事件，我們肯定會深深覺得不公平，但是了解自己深受死因影響之後，就必須立刻跳出來，往前走，去追尋兩個更重大的真相。

第一個真相是一個痛苦的問題：如果你深愛的人是死於其他方式，你會因此減少對他的思念嗎？答案絕對是否定的。

第二個真相：他的死因會讓你在情感上有什麼遺憾嗎？

前面提過，「否認」和「憤怒」對傷心人來說是兩個沒有幫助的字眼，使用「結束」（closure）這個字也要小心。法庭審判結果出爐，媒體一擁而上，攝影機和麥克風紛紛擠到傷心人面前，大家開口問這項判決結果。這個舉動是否讓此事就此「結束」？答案絕對是否定的。

訴訟判決或許符合公平正義，或許沒有，不過，訴訟結束之後，你還是會覺得你和已故的摯愛之間仍然有些情感未了結，訴訟頂多只是將這起犯罪或違法事件做個結束罷了，無法幫助你在情感上做個了結。

我們看到有人從奪去摯愛的事件中找到人生的職志。這沒什麼錯。有人體認到法律、醫療等議題的重要性，並大力監督這些議題，讓社會上可能有相同遭遇的人受惠、生命獲得提升。不過可惜的是，這些人大多仍未與逝去的摯愛做個了結，他們投入大量精力，讓自己不去想最主要的問題：他們自己的傷心並未化解。

想要訴諸法律的人，一定有充分的理由，才會選擇藉著打民事或刑事官司，來處理摯愛的死亡或受到的不公平對待。不過，我鼓勵大家，先療傷再說。化解傷心之後，能讓你在法庭上更能伸張自己的權益、更有能量。最重要的是，**你不會陷入一種幻覺裡，以為訴訟或法律判決可以療癒你破碎的心靈**。

內疚別用錯地方

關於傷心，我們常誤用內疚、悔恨這些字眼。在我的協會，幾乎不對傷心的人說這兩個字眼，因為這並不是正確的字眼。一段出現在協會的典型對話是這樣的：

傷心人：我兒子自殺了，我非常內疚。

協　會：你曾經做過什麼事，意圖傷害你兒子嗎？

傷心人：沒有。（幾乎所有人都是這麼回答）

協　會：按照字典裡頭的定義，你說「內疚」，隱含有意圖傷害的意思，既然你沒有這個意思，可以請你把這個字放回字典裡好嗎？你兒子的死亡已經讓你夠心力交瘁了，你不必再用這個**不正確、會扭曲感受**的字眼來傷害自己。

傷心人：真的嗎？我從來沒這麼想過。

協　會：你是不是很希望，過去有些事結束的方式可以不同，或是你有機會做得更好、更多？

傷心人：是的。

接著，傷心人的淚水就潰堤了。很少有人會故意傷害人，如果真有這種事發生，那是另一種狀況。

別給自己的痛貼標籤

或許你已經注意到，這本書沒有出現「生還者」（survivor）這個字眼，這是故意的。「生還者」從理智來看很正確，這暗示傷心者活下來了，而某個人並沒有。

但是，我發現這個字眼往往扮演「定義」和「診斷」的角色，讓人卡在危險又痛苦的深淵。比方說，你不可能在別人的自殺事件中倖存。如果有人要殺你，你逃脫了，你才叫生還者；如果是別人想自殺，你就不可能是生還者。

更重要的是，「生還者」這個字眼會把傷心人貼上標籤，導致他們不斷重回失落事件的情境。一旦成為「生還者」，很容易把這個詞當作自己的身分。習慣耽溺於痛苦裡，會讓人一眼就看出誰是傷心人。**常常有傷心人一味的替自己和自己的痛苦貼標籤，而不去了結未化解的情感**，從頭到尾一直未與已故的人好好解開這段關係。

我們知道，有很多團體是專門服務某一特定失落的人，例如自殺、他殺、愛滋病、喪子、離婚等；但是，坦白說，**傷心人在這個社會是被孤立的，我認為用失落的種類來區隔傷心人，反而會造成更深的孤立感**。不過還是得承認，與遭遇相同的人一起療傷，不失為一種撫慰方法。經過二十年親身經驗的證實，我有了以下的信念：

一、所有關係都是獨一無二的，因此所有療癒也是個人獨有的。

二、一味的分享理性的事實（你的失落是哪類），無助於療癒的進展。

三、因遭逢失落而與其他遭遇的人隔絕，短期間這麼做可能有好處，但無助於找出長期的解決方法。

告訴自己：傷心，問題不出在我

死亡、離婚這些原因造成的重大失落並不常發生，因此，我們並不熟悉這些失落發生之後，會有哪些想法和情緒，於是，免不了會回頭求助以前學過的觀念。這本書就是要告訴你，關於傷心，大多數人在社會化過程中被灌輸了不正確的觀念。

不過，本書無意譴責這個社會、任何人的父母、任何機構，我不認為會有一代人刻意傳授錯誤觀念給下一代，大家只是把自己所知教導給下一代罷了，而他們所知道的東西也是上一代灌輸他們的。

希望你已經發現，**你目前的觀念，無法幫助你療癒傷心**。**這並不是因為你個人有什麼問題，而是因為你欠缺正確資訊**。如果你正在讀這本書，那就代表你已經坦然面對自己過去或現在的傷心、願意展開一段療癒的過程去讓生命更美好，而非局限生命。

如果你拿起這本書來讀，是因為你做得對，不是因為你有問題。

第三章 越常用的安慰話，越讓人失落

遭遇失落後，你大概很快就會敏銳察覺到，自己的準備是多麼不足，根本無法面對、處理我們稱之為「傷心」的大量矛盾情緒。社會上幾乎每個人都是如此，我們對身體受傷的準備，遠遠超過處理傷心。先想想自己親身的經驗。小學時，你上過急救課；高中時，你上過健康與安全的課；你或許參加過紅十字會開設的急救課程；遇到緊急事件，我們知道該撥哪支緊急求救電話。某種程度來說，我們都做了準備來因應事故發生。然而，你有上過多少課，內容是教你如何處理重大情感失落所導致的傷心？

如果有人摔斷手臂，人人都知道該怎麼做；卻很少有人做好充分的準備去協助傷心人，這是一件很奇怪的事。

美國每年有八百萬人因為死亡事件而加入傷心人行列；離婚率已經超過四五％，這個數字還不包括沒有正式婚姻之名的感情關係，每年有好幾百萬段感情關係劃下句點，影響所及不僅是伴侶雙方，他們的子女、父母、其他親友都受到波及；此外，光是美國，每年就有超過一千四百萬隻寵物死亡，如果再加上退休、失業或工作遭遇重大轉變、疾病問題、財務發生大改變等，遭遇失落的人數更是驚人。

我們只學「獲得」，沒學過「失去」

我們的成長過程中，學習的重點幾乎都放在學習如何「取得」，好讓將來有個快樂、成功的人生。年紀很小的時候，我們就開始努力博取父母的讚美；我們努力在聖誕節或過年前夕表現良好，好得到盼望已久的玩具；上學之後，我們用功考高分，好獲得長輩的認可；我們努力吸引同儕，好讓他們接受我們。

這種不斷學習如何取得具體（玩具）和抽象（注意力）事物的過程，一直持續到我們成年。最了解這種現象的，莫過於廣告業的從業人員，因為他們的行銷宣傳重點，往往就是傳達給消費者：你可以透過取得某些東西，來找到快樂和滿足。

我們不斷的學習如何「獲得」，卻往往對「失去」一無所知。失去是在所難免的，有時候甚至是可預期的，話雖如此，我們卻沒受過正式訓練，不知道該如何因應隨著「失去」而來、一定會發生的痛苦和崩潰失落感覺。有人甚至建議我們不要學習如何處理失落情緒，或至少不要談論。「事情既然都已經發生了，就讓它過去」、「你必須向前走」、「不要讓你的情緒造成別人的負擔」等，你一定聽過這類話。

人的一生中必然會面臨好幾次重大失落，關於如何處理失落所帶來的情緒，我們所學到的觀念並不完全正確。如果我們不能用正確的知識來處理失落，這些錯誤的知識還寧可不要。不管是哪一種危機降臨，一般人大多會依賴以前學到的舊觀念來處理。就算我們可以提出證明，有些舊觀念其實沒有幫助，但是失落所造成的痛苦想法與感受一旦出現時，大多數人還是會自然而然求助那些舊觀念。

人通常會採取相同的方式做一樣的行為、一再重複，於是所有行為（包括肉體上和情緒上）就會變成習慣。這種模式其實是好的，因為有助於養成、維持習慣，關鍵是我們必須培養有助於解決傷心的習慣。

要培養新習慣，你得有三個覺悟。首先，你必須清楚意識到自己有必要培養新習慣。如果你拿起這本書，你大概已經認知到自己需要有更有效的觀念、習慣來處理傷心。其次，你得學習一些必要的觀念和技能，才能在培養新習慣時派上用場。拿解決傷心這件事來說，你必須知道哪些觀念不可行、可以用哪些觀念來取代。最後，你必須不斷練習這些新觀念，直到變成你的習慣。

六種讓我更傷心的安慰話

在討論什麼是療癒之前，我們必須先談談什麼不是真正的療癒，為什麼需要用新方法來處理失落。我們就從一般常見解決失落的方法開始釐清，拿筆者自己的經驗來說明。約翰第一次遭遇失落是五歲時：

我們家養過一隻狗，從我在醫院出生後被抱回家開始，牠就全心接納我。等到我會爬了，我會拉牠的尾巴，牠就這樣乖乖任我擺布。這隻狗會到處跟著我，我大一點之後，我教牠把丟出去的東西撿回來。牠每天晚上總會想辦法跟我一起睡，這點讓我媽很抓狂，但是牠跟我都很堅持，我媽最後沒轍。

我記得，有一次我摸牠的時候，牠全身冰冷，我很害怕，打電話給媽媽，媽媽告訴我，牠已經過世了。我知道媽媽想跟我解釋什麼是死亡，但她不知道該怎麼解釋。

狗過世之後接下來幾天，約翰哭個不停，常常窩在自己的房間裡。「我爸媽不知道該怎麼幫助我。」他回憶。

最後，爸爸只好開口說：

不要哭，週六我再買一隻狗給你。

這句話聽起來好像沒什麼，但是，讓我們來深入研究一下。

人透過很多不同的方法學習，其中有個方法稱為影響式學習（influence learning）。小孩呱呱落地頭幾年，最常接觸的對象是父母，所以小孩透過觀察、模仿父母的行為來學習。小孩一歲半後開始有言語能力，不僅會觀察父母的行為，還會了解父母說的話。

約翰的爸爸話語中傳遞的訊息是：

不要哭……。

言下之意：不要難過。

……週六我再買一隻狗給你。

言下之意：找新的、另外的東西來取代失去的。

約翰百分之百相信爸爸說的話，對於處理失落，約翰的腦袋裡開始有個觀念成形，他努力照著爸爸的建議：不要難過。

對一個崇拜爸爸、想得到爸爸稱讚的小孩子來說，「不要哭」這句話對他影響很深。如同約翰所說：「我心裡想，如果這是我爸爸面對死亡的方式，那我也應該這樣面對死亡才對。」到了週六，約翰的爸爸果真帶他去挑了一隻狗回家：

我還是很想念原本那隻狗，但是我沒有告訴任何人，我不想讓他們不開心。過了很長一段時間之後，我忘了原來那隻狗，但我也發現，我很難像愛原來那隻狗一樣來愛這隻新的狗，我不知道為什麼。

約翰會這麼說，可能（其實是非常有可能）是因為在情感上，他還沒跟原本的那隻狗做個了結。

約翰十四歲時，初嘗戀愛滋味，這或許只是一段少男少女純純的愛，但是對他來說絕對是刻骨銘心。

這段戀愛很美好，我滿腦子想的都是她，吃不下、睡不著。我聽見鳥兒歌唱、邊聽邊哼著收音機播放的情歌，不再像以前那麼常出去和死黨鬼混。

我們分手時，我難過得要命，這是我的重大失落。一連好幾天，我像是受傷的鴨子一樣無精打采的晃來晃去，我媽媽終於受不了。

他媽媽告訴他：

不要難過，天涯何處無芳草。

約翰的故事這樣看下來，我們發現，在他往人生旅途邁進時，關於面對失落，他已經學到兩件事情：

一、不要難過。

二、找東西來取代失去的。

羅素的童年經驗與約翰非常類似。

羅素難過時，別人也常對他說「不要難過」或「找東西來取代失去的」。可是，羅素無法在難過的時候「不要難過」，各種失落經驗都令他難過。

只是，他的傷心和淚水常常換來這類的話語：「如果要哭，就去自己的房間哭。」羅素覺得這樣隱藏感情很痛苦，他告訴媽媽，他還是很難過，媽媽回答他：「你笑，整個世界就跟你一起笑；你哭，就只有自己一人獨自流淚。」

傷心的時候，我們都想得到別人的理解，來讓自己好過一點，卻只得到一句「你自己解決」，這是多麼叫人心碎。

你自己解決。

言下之意：要傷心的話，自己一個人傷心。

如果是因為年紀小容易產生誤解，就已經夠悲哀了，不幸的是，這種誤解卻會變成一輩子的習慣，直接干擾我們往後的人生，使我們難以快樂。

羅素還記得，他的婚姻裡不知道有多少次跟妻子大吵一架之後，他衝出家門，開著車子在附近漫無目的的遊蕩。他躲進車子，就像小時候窩在房間裡一樣，一直沒變的習慣是：

獨自傷心。

大多數人長大的過程與約翰和羅素大同小異，通常認為「隔離」或「獨自傷心」是正確的處理方法。因為從小父母這麼教：我必須「獨自傷心」；我們安慰遭逢失落的朋友時，自然會說：「給她一點空間」，或是「他需要一個人靜一靜」。

你可以看看約翰的外公逝世時，他周遭的人如何看待他的傷心。

一九五八年，我外公過世，他是我生命中非常重要的人，我跟他比跟爸爸還親。每年夏天我都在他的農場度過，他教我釣魚、打獵，也是第一個教我打棒球的人。得知他過世的消息時，我念高中，那時正在上課。我還記得我整個人完全呆掉，幾分鐘過後，我開始大哭。其他人看我這樣子，可能不知道該拿我怎麼辦，於是把我送到校長室，讓我一個人靜一靜。

因為他們不知道該怎麼辦，就把約翰送到校長室，讓他一個人靜一靜。

當天晚上我從學校回到家時，媽媽坐在客廳，頭低低的，顯然在哭泣。

我一看到媽媽這個樣子，就想走到她身邊陪她一起哭，但是爸爸跟舅舅走過來阻止我：「不要打擾你媽媽，等一下她就沒事了。」又一次，我得到的訊息是處理傷心的方式就是獨自面對。

約翰和羅素已經學到三個觀念：

一、不要難過。

二、找東西來取代失去的。

三、獨自傷心。

他們兩人並沒有從以上三個訊息得到任何幫助。約翰努力面對外公過世的同時，羅素青春期的日子也不太好過。一連串的失落經驗中，羅素一再被灌輸這些對他一丁點幫助都沒有的觀念。由於**這些觀念無法讓他好過一點，他的生活圈開始越變越小，過得越來越傷心**。每一次痛苦事件發生時，他就試圖「不要難過」、「一個人靜一靜」（獨自傷心），可是他發現，自己越來越不可能快樂。

最後，他絕望的向媽媽求助。他告訴媽媽，他做不到有效處理讓他難過的思緒和感受，媽媽慈祥的看著他、告訴他：「時間會治癒一切傷痕。」

> 時間會治癒一切傷痕。

言下之意：讓時間撫平傷痛，只要過段時間就會好。

羅素絲毫不懷疑「時間會治癒一切傷痕」這句話，媽媽絕對不可能故意傷害自己的兒子，她只是傳授給兒子她學到的觀念罷了。

一九七二年，羅素和第一任妻子薇薇安離婚，羅素深受打擊，像個行屍走肉，原本健談又外向的他，變得幾乎不講話。照理說，他應該「不要難過」才對，但他被擊垮了，他的心情糟透了，再加上老被灌輸要獨自傷心，所以他更覺得孤立無援。

朋友建議他開始試著約會，「找東西來取代失去的」這個以前學過的觀念又重現了。

但是他沒有約會的心情，所以這個建議對他行不通。這時不斷有人告訴他：「時間會為你療傷。」

老實說，「找東西來取代失去的」、「只要過段時間就會好」這兩個想法根本互相矛盾。如果找個東西來取代失去的，可以讓傷心好轉，那麼他根本就不需要靜待時間來治癒他；從另一個角度想，如果時間可以治癒一切傷痕，那傷心的人或許根本不該急著找東西來取代。在我們的社會，**「時間會治癒一切傷痕」大概是造成心痛的最大原因，遠勝於其他錯誤觀念**。可怕的是，這個觀念完全不正確，卻代代相傳。

「只要時間拉得夠長，自然會出現神奇的轉變，讓我們再度完好如初」，這個觀念十分荒謬。如果處理的是我們身上的病痛，一定不會有人說：「只要過段時間就會好。」好比說有人將手弄斷了，你不會跟他說：「時間會治癒你的手，只要過段時間就會好。」他受傷的手必須好好包紮、固定、復健，才會痊癒、再度運用自如，同樣的，情緒上的心痛也該這麼處理，而不是靜等時間過去。

我看過很多例子，有太多人遭遇失落已經好長一段日子，但是他們的心仍然是破碎的，有個原因就是：他們等著時間來治癒一切。他們對這個觀念堅信不移，於是抱著這個觀念一等再等，認為只要時間夠久，他們就會好轉，這真是令人難過。正在閱讀這本書的你，或許已經知道這個觀念並不正確。

在一次療傷講座上，我詢問在場聽眾，有沒有人還在為二十多年前發生的死亡或離婚事件痛苦難受，一如所料，很多人舉了手。他們大多數人都認為，時間會治療傷痛，我問其中一位女性，都過了二十多年了，難道不會太久嗎？她的答案清楚又有代表性：「是啊，是很久，不過除此之外，我不知道還能怎麼辦。」你可以想像這種痛苦和挫折嗎？竟然要等這麼多年，為的是獲得一些解脫？

為了證明「只要過段時間就會好」很荒謬，我問你一個問題：如果你發現你的車子爆胎了，你會拉一張椅子坐在車子旁邊，靜靜等待空氣自動跑進輪胎裡嗎？

聽起來很蠢，不是嗎？**時間本身並沒有療癒功能，能幫助你終結傷心的，是你在這段時間內所做的事**。到現在，約翰和羅素學到的觀念：

一、不要難過。

二、找個東西來取代失去的。

三、獨自傷心。

四、讓時間撫平傷痛。

以上全部是錯的，但我們從小到大的錯誤療癒方法，還不只這四種。

一九五七年，羅素的奶奶過世。自從媽媽重返職場，奶奶就一直跟他們住在一起，比羅素小十歲的弟弟根本是奶奶帶大的。羅素一直不覺得自己跟奶奶特別親，有時甚至覺得奶奶對他不好。但基於「血濃於水」的觀念，說家人的壞話是不可以的。奶奶過世之後，羅素回憶起一次家庭聚會，家人告訴他：「我們必須為你弟弟堅強起來。」

> 我們必須為你弟弟堅強起來。

言下之意：為別人堅強起來。

該如何執行這條準則，沒有人做過明確說明。「為別人堅強起來」是那種聽起來很好、但沒什麼意義的話。多年後，羅素和第一任妻子離婚時，他想起「為別人堅強起來」這句話。這是羅素學過的其中一種處理傷心的方法，但是他馬上就知道這方法不行，他離婚這件事根本不適用，他也完全不知道該怎麼做，因為除了他，哪來的「別人」？

根據筆者多年來協助傷心人的經驗，**「堅強起來」或「為別人堅強起來」是讓人困惑的前十名觀念，因為根本就做不到。**

到目前為止，約翰和羅素已經學到五個錯誤的觀念：

一、不要難過。

二、找東西來取代失去的。

三、獨自傷心。

四、讓時間撫平傷痛。

五、為別人堅強起來。

很多觀念對傷心人並沒有幫助，以上這五個大概是各位最能感同身受的，雖然不一定是絕對。還有一個普遍的觀念，多數人都堅信不移，也認為是有幫助的，但其實不然，就是「必須讓自己隨時有事做」，是遭逢重大失落之後常聽到的話。

必須讓自己隨時有事做。

言下之意：保持忙碌。

這會產生一個大問題：保持忙碌會讓你找出失落、痛苦的原因，並幫你了結嗎？答案顯然是否定的。

那麼，保持忙碌到底是為什麼？是讓你轉移注意力，讓你覺得日子過得快一點。保持忙碌讓傷心人將悲痛埋藏在大量的雜務裡。我曾輔導過的傷心人都會說：「不管我再怎麼忙，一天結束之後，心裡仍然有個洞在那裡。」

保持忙碌不僅會讓你身心俱疲，還會有其他危險。本書第一章就曾告訴你，傷心是「一種熟悉的行為模式結束、改變時所產生的矛盾情緒」。死亡、離婚或其他重大的失落，都會使得原本熟悉的事物出現大幅轉變，所以我們遭遇失落後，往往很難適應不一樣的生活。簡單來說，如果你從來就不是個整天忙碌的人，**遭遇失落之後若是要刻意保持忙碌，反倒讓你原本熟悉的生活模式產生大改變**。

最危險的壞處是，我們常誤以為，保持忙碌就可以讓自己感覺好過一點。忙碌只不過是讓你轉移注意力罷了，你仍得靠自己正面採取行動，才能真正終結傷心。

我們一定聽過上千次這樣的失望感言：「我不明白，我一直讓自己很忙碌，卻感覺更糟糕，完全沒有好過一點。」

約翰、羅素（還有你）都被灌輸了幾個處理傷心的錯誤觀念，我們已經找到六個：

一、不要難過。
二、找東西來取代失去的。
三、獨自傷心。
四、讓時間撫平傷痛。
五、為別人堅強起來。
六、保持忙碌。

以上這幾個觀念有個共同問題：都無法讓我們找出所有關係中積累的未了結情緒，因此我們當然無法整理好這些情緒。

失落並無不對，為何要我理智？

六大錯誤觀念的第三點提到，傷心人要獨自傷心，你大概也有過把自己隔離的經驗。既然感到隔離孤立是傷心人會面臨的問題，那麼「參與」顯然就是解決的方法之一。

為了鼓勵你**參與自己的療癒過程**，建議你現在就立刻開始，看看是不是也受了上面六大錯誤的觀念影響，因此左右了自己對傷心、痛苦、負面情緒的看法。

遭遇失落時，難過是很自然、正常的反應。但是，每次我們表達這些正常且自然的情緒時，總有人拿上述六種錯誤觀念的其中幾個來「安慰」你。

每次約翰和羅素滿懷痛苦情緒，求助父母、老師、教練或其他人，只會得到這類「理智」的回答。**如果他們一再得到這六種毫無幫助的回應，累積下來，會導致他們逐漸喪失對別人的信任**，一開始可能不再信任父母、長輩，到最後擴及所有關係。

約翰的爸爸嗜酒如命，喝醉了就不分青紅皂白打約翰。

> 即使我告訴他某件事不是我的錯，他還是不相信我，反正一定要處罰我就是了。我覺得非常不公平，漸漸就不再信任他。

由於約翰的失落很難被發現、也沒得到解決，讓他對大人的懷疑越來越多，他變得越來越不信任人、警戒心也越來越強，他的活力和自主都因此受限。能夠與他建立信任關係的人，類別也開始受限，他對所有威權角色心生警戒。

「我並不認為，我對周遭人喪失信任，責任都在別人身上。」其實是因為喪失信任讓人痛苦，所以約翰的解決之道就是一開始就「不要信任」，如此一來他就不會有痛苦。

約翰與第一任女友分手之後，更加深他「不要信任」的觀念。從那時開始，他發現自己很難信任約會對象，他不想再次受到傷害，所以心態上躊躇又多所保留，這種態度讓他變得畏畏縮縮。很多傷心人很難開啟新的感情關係，因為他們害怕承受再一次失落。你之所以買這本書，大概是因為意識到自己跟死亡、離婚等失落關係有某些未了結的部分，也可能是某個好心的朋友或親戚送給你的。

你在閱讀這本書時，實際去做那些讓你得到療癒的行動，或許會發現自己有喪失信任的感覺。我無法要求你要信任自己、多點安全感；不過，喪失信任的感覺我懂，因為我也曾有過這種感覺、也曾經沒有安全感。也就是一直以來受到制約，光想著把情緒轉化成理智，以至於只要有一些情緒感受，就會以為是自己不對。

就算你現在不相信，也請繼續讀下去。

得到想要的解脫和幸福感

為什麼要一再反覆提及那些沒用的錯誤觀念？要了解原因，得先了解我們的腦袋。首先，腦袋只會存取它所學過的東西，不會管不知道的東西。如果你的腦袋裡只有錯誤資訊，你就只有錯誤資訊可用。

其次，腦袋是以重要性大小來儲存資訊的，也就是說，如果資訊來源越權威，我們就越相信是對的。約翰和羅素（筆者）學到與失落有關的訊息，大多來自父母，對小孩來說，父母是非常重要的資訊來源，因此自然對這些有關失落的訊息堅信不移。還有一點，腦袋的職責是：相信腦中所儲存的東西永遠是對的。這就是為什麼我們老愛批評別人，因為人總是相信自己是對的，如果別人的想法與自己不一樣，別人一定是錯的！

基於以上這些原因，本書才一再反覆說明：為什麼這些處理失落的資訊是錯的，而本書接下來要描述的失落相關知識是正確的。你之所以拿起本書來讀，或許意味著，你原本採用的方法，不能讓你得到想要的解脫和應得的幸福感。

如果你認同本書到目前為止的看法，認為你過去習以為常的觀念和做法不正確，那麼你一定也能同意，如果有正確觀念，就會得到不一樣的結果。本書會提供正確的資訊給你，幫助你找出你和別人之間未了結的情感，並教你如何解開。然後，你必須身體力行，把從這本書學到的東西轉化為實際行動。

第四章　謝謝你，聽我說

你閱讀第三章時，大概對其中一些段落感同身受，或許也看出自己過去處理失落時的經驗並不正確。不要擔心，幾乎每個人腦袋裡的資訊都有不充分、不適當的地方。

傷心時，一般人都會向周遭親朋好友尋求安慰，是再自然不過又相當健康的舉動；不過，傷心人很快就清楚：這些人其實幫不上什麼忙，他們都是好心人，但是說出口的話似乎不太適合。

其實沒人懂你的（傷）心

不管失落的起因是死亡、離婚或其他重大事件，傷心人常會聽到一句話：「我知道你的感受。」這句話包含了濃濃的同情，本意是希望安慰人。

但是大多數人認為，他們完全沒有被這句話安慰到。如果這句話是出自好意，為什麼大多數傷心人都強烈不以為然？答案在於傷心以及傷心療癒的終極真相：**所有關係都是獨一無二的，無一例外！**

因此，不可能有人會完全知道你的感受。

就算是有過類似失落經驗的朋友，也無法知道你的感受。有類似的失落，只不過是一個理性的事實罷了，在情緒上幫不了忙。每一段關係都是獨一無二，理性的事實其實分析不出什麼結果。

舉例來說，我媽媽過世和你媽媽過世，都只是理性的事實而已，就像我們鞋子穿哪種尺寸一樣，純粹只是事實罷了。這樣的比喻或許聽來很無情，不過，這是刻意舉的例子，用意是提醒你，得盡全力避免理性的想法淹沒了情感的真相。

這麼說吧，如果你跟媽媽的關係是溫暖的、分不開的、相互扶持的，但我跟媽媽的關係是粗暴的、鬥來鬥去的、痛苦的，那麼你有可能「知道我的感受」嗎？請跟著我重複說一次：**所有關係都是獨一無二的，無一例外！**

一旦你了解、認同這個簡單的前提，你就已經踏上療癒的道路。所謂的療癒是：**從你「獨一無二」的關係中「找出」未了結的部分，並且完成這種未了結。**

我們身邊絕大多數朋友並沒有「成功」的療癒經驗可以分享，因此他們只是不自覺在鼓勵我們去表現出「好像已經得到療癒的樣子」。這種現象實在非常普遍，我們會在下一章討論。

你真情流露，他的反應是尷尬

從很久以前，這個社會就教導我們，傷心、痛苦或負面的情緒是不恰當的，表露這些情緒也是不好的。大人常告誡小孩：「乖小孩不哭。」我們也會聽到父母跟小孩說：「不要再哭了，否則我就真的給你一個哭的理由。」

並不是說父母都很無感漠然，他們只不過是把自己學來的觀念傳承下去罷了，這樣的觀念是：傷心、痛苦或負面的情緒，還有表露這些情緒，是我們的社會不容許的。

學校操場上常聽到「羞羞臉，愛哭鬼」的聲音，這就證明我們四、五歲時，就已經學到「不能隨便哭」這個觀念。

以下是我們在日常生活中常聽到的話，你可以知道，**當一個人不經意對別人表露情感時，別人是會害怕的。**

控制一下自己。

你不能崩潰。

咬牙撐下去。

你要自己振作起來。

同樣的，看到別人表露痛苦情緒時，我們會不知所措。因此，這就逐漸成為一種根深柢固的恐懼，害怕把失落時會有的正常情緒表達出來。

別人寧可跟你聊別的

有時候，你會想把生命中一段重要的情感失落告訴朋友。你可能還記得，朋友沒等你全部講完就說：「聽起來真慘，不過你最近有沒有注意股市的情況？」

雖然這是個很典型的例子，不過還不足以一窺全貌，我們來看看另一個例子，並且深入探討一下：

一位傷心人的母親過世，他想跟朋友說說話。

朋　友：你還好吧？

傷心人：我心裡好難過，我好想念她。

朋　友：不要難過，她再也不必受苦了。

請注意這段對話內容，稍微轉變了受苦的對象。傷心的是這位傷心人，而這位朋友卻把對象轉移到已故者，言下之意是，如果你愛的人再也不必受苦了，那你也不該受苦。我們必須提醒你，這位朋友所使用的技巧和方法沒什麼好壞可言。這位朋友一直被灌輸那些錯誤的觀念，也是我們都學過的那些，他只是很好心的想用這樣的觀念安慰人。

這種轉移話題的態度，也出現在美國廣播公司（ABC）的電視新聞雜誌節目《20/20》，有集節目討論寵物過世會有的傷心情緒。節目製作得很好，也照顧到寵物主人傷心的感受。節目結束時，攝影機鏡頭拉回到休．唐斯（Hugh Downs）和芭芭拉．華特斯（Barbara Walters）兩位主播身上，華特斯眼裡開始含著淚水，進廣告之前她說了一句話：「趕快換個話題，不然我要哭了。」

這句話清楚向觀眾傳達一個訊息：表露情緒是不被允許的。換句話說就是：「我們用轉移話題的方式來處理情緒吧！」

別告訴我：該理智些

試圖把情緒轉移到理智，是危險的，對傷心的人也有害無益。傷心是因應失落而產生的一種情緒反應，失落的起因是理性的，但產生的反應是情緒性的。

這並不是說動用腦袋有什麼錯，而是說，如果有必要時，誰規定不能理智與情感並用呢？人類有個重要天賦，就是有能力表露情緒、傳達情緒，但是社會似乎給這個天賦強加了負面涵義。我們不惜犧牲情感也要依賴理智，已經到達病入膏肓的程度（尤其在傷心這件事上）。為什麼會這樣？

其中一個原因是，摯愛過世並不是每天都會發生的事。如果統計數字可信，我們每個人每九到十三年才會經歷一次摯愛死亡，就算把其他重大情緒失落也加進來，重大傷心事件的發生頻率也還是很低，導致我們對這類經驗真的不熟悉。

正由於個人切身經驗付之闕如，我們才會持續以錯誤觀念來處理失落，也因此無法讓傷心事件真正了結。因此，我們會訴諸理智來處理情緒上的痛苦，絲毫不令人意外，因為我們每天都在依賴腦袋，實在用得太習慣了。

根據在療傷講座上做的非正式調查，傷心人失去摯愛之後，他們所聽到的旁人建議，

有五分之四的旁人都在暗示當事人不應該處理當下的感受，而要訴諸理性。研究人員分析了傷心人在摯愛過世不久後會聽到的話，大致簡單分成兩大類：

一、對傷心人有實質幫助的話；

二、對傷心人沒有幫助的話。**沒有幫助的話都是出自善意、但一定「訴諸理性」，不然就是提供很困難或危險的建議，很難照辦，**例如：

幸好你還有另外一個兒子，要心懷感激。

生活還是得繼續。

他現在已經到更美好的地方去了。

所有事情總會過去。

她的人生已經無憾。

下一個會更好。

上帝絕對不會把你承受不了的東西給你。

他陪伴你這麼久，你已經要心懷感激了。

以上這些話都是傷心人會聽到的。傷心人正經歷強烈的情緒折磨，而這些話卻都是理性的，所以相當不恰當。離婚和其他重大情緒失落也一樣，出於善意的朋友常會說出這類沒有幫助的話。

我只想要你聽我說

下面這個例子跟死亡或離婚都無關，但也同樣說明了：我們自然、正常的表露情感時，別人的回應通常是錯的。

有位朋友開派對，她十幾歲的女兒瑪莉邀請了三位最要好的朋友。派對快要開始時，電話鈴響了好幾次，這三位好朋友竟不約而同來電說不克出席。瑪莉非常難過，她和媽媽說這件事，媽媽安慰她：「不要難過，還有很多很棒的人會來一起同樂。」

還記得嗎？約翰的狗死掉、外公過世時，他接收到的第一個回應都是：「不要難過。」又來了，別人一定會叫你不要有你現在這種感受，因為傷心、痛苦或負面的情緒是不好的，你必須找個比較能令人接受的情緒、一個比較正面的情緒。

幸好，這家人有位好友，剛好在場。瑪莉決定再試試，找個人聽她吐露心情。她告訴這位朋友來龍去脈，他仔細聆聽，然後回應說：「哎喲，妳一定失望透了。」「沒錯。」她邊說邊啜泣。他給她一個抱抱，她很感激他的傾聽，擦乾淚水之後，她全心享受這場派對，因為她的情緒已經被聽到、被接收到。

傷心人想要被聽到、需要被聽到，而不是被修補。以上這個真實故事中，那位朋友並沒有修補什麼東西，他只是聆聽瑪莉想傳達的情緒，瑪莉需要的就是這樣而已，然後她就可以做出理智的決定，盡情享受這個夜晚，即使這個夜晚與她最初所想的並不一樣。**某個程度來說，有效的療傷就是傷心被聽到罷了**。

別要我轉移注意力，讓我談

從別人談論死亡的方式（或乾脆不談論死亡），可以看出他們企圖轉移注意力。事實上，人們甚至會極端到避免談論死亡，以至於有些人甚至無法把「死」這個字說出口，而改用其他字眼，例如：

她過世了。

他安息了。

爸爸走了。

他駕鶴西歸了。

我們失去了媽媽。

想想看，對於想得到真實答案的幼童來說，以下的對話聽起來會如何。

阿公怎麼了？

阿公睡著了。

這個小孩看著躺在棺木裡的阿公，心裡一定知道這個答案隱隱約約有哪裡不對勁，他感到很疑惑，但是又以為自己聽到的答案真實無誤。睡覺想必有兩種，所以接下來半年，他一定很害怕去睡覺。

還有，很抱歉必須這麼說，不過只要事關小孩時，上帝往往會背負某些惡名。

爸爸怎麼了？

上帝把他叫回去了。

接下來好幾年，這個小孩一定會對上帝感到懊惱又疑惑。

你不覺得把父母認為的真相，如實說給小孩聽比較恰當嗎？**「你爸爸死掉了，我們相信他死掉之後會跟上帝在一起。」**

一般來說，與小孩談論死亡時，最好避免用比喻的方式。正在發育的小腦袋不見得有能力，把現實情況跟比喻的圖像串連起來。

傷心不是憂鬱

我們的看法會決定我們的感受。如果看法有誤，就容易產生不該有的感受。其中傷心一詞就是個好例子，常常被不精確、容易搞混的字眼取代。

失落發生時，人會感到傷心，傷心是伴隨失落而出現的人類自然情緒。傷心是失落發生時一個正常且自然的反應，既不是生理病態，也不是人格異常。如果傷心的定義不正確，傷心人就會不自覺的受到阻礙，無法依照正常的情緒抒發順序以及行動，踏上療癒之路。**壓力、過勞、緊張、創傷後壓力症候群、注意力缺乏是幾個常貼在傷心上面的錯誤標籤**，這幾個字眼如果用對，都各有其意義和價值，但是如果用錯的話就很危險，會把整件事情引導到不對的方向去。

說到傷心時，最常被誤用、誤解的字眼大概就是「憂鬱」（depression），就是因為這個字被誤用，才會造成現在大量依賴藥物來治療傷心的局面。簡單說明一下。在臨床診斷上，心理醫生或精神科醫生給憂鬱症下的定義，部分症狀跟傷心人遭逢死亡、離婚之後會有的症狀一樣。傷心人使用「憂鬱」這個詞的時候，通常是指「情緒或元氣陷入低落」。好比說，某人結髮四十年的配偶過世了，這時他元氣低落，難道不是很正常的現象嗎？這位傷心人正在努力適應痛苦又困惑的新現實，難道他不該情緒低落一下嗎？

當然沒問題。但很多人受到制約，會想著尋求醫藥治療來解決非醫藥問題，這樣做很危險。用心理藥物來治療傷心，會把正常且自然的反應給隱藏起來，一旦埋藏起來，日後就很難重新再挖掘出這些感受。

從療癒的角度來看，藥物治療屬於短期的能量紓解方式。沒錯，藥物可以緩解、轉移注意力，某些情況下，人可以利用低劑量的情緒轉換藥物來獲得短期的好處，但有個危險：這類治療方式往往會出現快樂幻覺，而這種幻覺可能會造成長期依賴藥物的後遺症。

醫生，吃藥無法療癒傷心

你可能接受專業人士或家人的建議，開始用藥物治療來處理失落，但別忘了，這些人也同樣被教導過，要用一些實質的東西來處理情緒。「不要難過，吃點餅乾，你就會感覺好一點」，所以「不要難過，吃點藥，你就會感覺好一點」就很理所當然。請小心。

的確，在這種脆弱的時刻，你可能很難做出理智的決定。建議你努力承受自然湧現的痛苦，試試這本書所提的療癒方法。如果你還是覺得太困難，到時再用藥物也不遲。這不是在鼓吹承受痛苦，如果有比較輕鬆、簡單的方法，我一定會告訴你。傷心是痛苦的，本來就是如此，但比起其他方法，**用自然的方式來對付傷心，可以換來比較長期的效益**。

信仰幫不了你，你得自助

一九六九年，約翰的弟弟過世，約翰記得當時他被告知：「你不可以生上帝的氣。」

約翰知道自己不應該氣上帝，但他就是憤怒。沒有人告訴他，遷怒上帝是對英年早逝的一種正常反應。我們長年依賴腦部的理智運作，只要有事情發生，很自然就會去尋找可以理解的原因，如果找不到，最後就會怪到上帝頭上。

如果有人允許我們表達對上帝的憤怒，例如將自己對上帝的怒氣告訴別人，而且不會因此受批判或責罵，我們的憤怒才會消失；不然的話，這股怒氣可能會永遠存在，甚至阻礙靈性方面的成長。

我們知道，**有些人背離自己的宗教信仰，就是因為他們不被允許表達出內心真正的情緒**。若是這種情況發生，傷心人就被斷絕於一個最強而有力的支柱來源之外了。

過去幾年來我發現，告訴傷心人**區別信仰和情感**是有幫助的。這麼做或許聽起來很奇怪，不過大部分人都可以理解這麼做的用意。本書到目前一直在討論情緒和理智，現在得談一下傷心裡頭的靈性層面。

理智想法和理智想法所衍生的情緒，兩者之間很可能可以找到直接的因果關係，但信仰則不一樣。信仰並不需要什麼道理，信仰是靈性的，不是情緒的，也不是理智的。

失落發生之後，你對信仰會有兩種可能：一、你的宗教信仰或靈性方面的信仰可能被摧毀或動搖；二、不管是哪一種失落，你的信仰完好無缺。

子女死亡或突來的悲劇事故，是造成一個人信仰出現重大危機裂痕的最常見原因。我建議，碰到這類情況的傷心人，要先處理自己和過世者之間的關係，了結了這股悲痛之後，通常就會很自然的重新接受信仰，甚至更堅定。

至於信仰沒有受損的人，我則鼓勵他們善用信仰的力量，來為自己打氣、採取行動來療傷。如果你開車開到一半，突然爆胎了，這時你會怎麼做？

一、呆坐在爆掉的輪胎旁邊，祈求上帝讓空氣跑進輪胎裡；

二、打電話給修車公司，然後祈求上帝讓修車公司快點來。

傷心之所以無法化解，就是因為某一段關係經年累月，累積了很多未傳達的情緒。信仰和禱告是日常生活裡很棒的工具，但是還做不到挖掘、了結未化解的情緒。

照宗教上的說法：「上帝會幫助那些自助的人。」這句話說得很對，所謂的自助，就是採取療傷的行動，也就是挖掘、了結我們在某一段關係中還沒有結束的部分。

第五章

寫給藏起失落、假裝沒事的你

上一章提到，這個社會教導我們要表現出「好像已經得到療癒的樣子」。了解傷心時會遇上的這個層面，真的非常重要。

傷心的人如果想要拋開傷心往前走，最常見的障礙就是「獲得療癒」的假象，具體來說就是「我很好」、「笑一個」、「為家人朋友振作起來」、「我想幫助別人」。你可以問問自己，你現在正戴著幾張這種「假裝已經得到療癒」的假面具？想必大多數人聽得懂這句話的意思。

對於過去，不該神化、也不該妖魔化

我們也討論過遭逢失落時周遭的人會有的反應。絕大多數傷心人聽到的反應都是訴諸理智，不鼓勵傷心人真情流露，這不僅會增加傷心人的孤立感，也會產生一種被品頭論足、被評斷、被批評的感覺。於是，傷心人很快就會發現，自己必須真的表現得「好像已經得到療癒的樣子」，才會受到合理的對待。

為了被人接納，讓自己看似已經療癒，傷心人會努力把心思都放在過世者美好的回憶上，這是所謂的「神化」，最極端的表現就是著魔似的為過世者興建紀念館、保留大量可代表過世者的物品。有個例子是，女兒已經過世五年多了，媽媽卻完全沒有挪動女兒房間裡的任何物品。

還有一種神化：完全不許傷心人一一細數這段關係的所有層面。這種神化比較不嚴重，但同樣會局限療癒的效果。很多傷心人只把心思和情緒放在過世者的美好回憶或正面評價上。「死者為大，不可以說他壞話」就是很典型但沒有幫助的觀念。

這裡並不是鼓勵大家到處講別人的壞話（不論那個人是不是還在世）；而是說，如果沒有把這段關係的每個層面都仔細檢討（包括負面的部分），幾乎不可能了結死亡、離婚等重大情緒失落所帶來的痛苦。

神化的反面就是「妖魔化」，指傷心人有滿肚子的抱怨，不斷的回想這輩子受到的不公平對待，說什麼都不願放下失望與憤怒。因此，傷心人緊握著負面的部分不放，就如緊握著正面的部分不放一樣，但兩者都沒有看到這段關係的全貌。

所有關係都有好的、壞的部分。唯有百分之百誠實面對自己與對方，才能了結傷心。

我們都在假裝已經得到療癒

我們都喜歡別人的讚美、恭維和認同，也想要別人說我們聰明、堅強、成熟，希望受到團體的接納。我們從小就學到這種渴望，長大後一再被強化，甚至到走火入魔的地步。

前面提過，別人**給予傷心人的建議大多無濟於事，這些建議只是要傷心人轉移注意力，或是把情感轉化成理智**。雖然如此，由於獲得別人的認同是非常重要的事，所以傷心人往往還是會在意別人給的建議，並且努力遵從。

約翰剛出生的兒子過世時，椎心之痛幾乎將他撕裂，他所聽到的建議是這樣的：

幸好你們還可以再生。

也許你們命中注定不該有小孩。

你夠堅強，可以面對。

從理智來說，以上這些話都沒錯，但還是沒辦法幫助約翰解決他的傷痛。約翰從這些話意識到，朋友們並不想聽他訴說他的傷痛，但他又不想孤單一人。所以，關鍵在於，他有辦法誠實說出自己的感受，又不會把願意傾聽的朋友趕跑嗎？

羅素和前任妻子離婚時，好心的朋友告訴他：

下一個會更好。

她不適合你。

羅素的心聲需要有人聽，這是正常的，但旁人給的建議，反而讓他把心裡的話吞了回去，等於是「鼓勵」他埋藏情感。

羅素和約翰一樣，他們想要獲得別人的認同，讓自己好過一點；但是他們卻感受不到家人朋友的支持。於是，他們選擇「假裝已經得到療癒」，裝出已經療癒的假象，然而憑藉著想像力，卻無法帶給他們絲毫療癒。他們的演技實在太精湛，幾乎能說服自己真的沒事，但事實上並不是。

「我很好」的意思是「我不好」

我在協助傷心人的過程中，遇到了許多「把自己照顧得很好」的人，他們看起來很不錯，聽他們說話也覺得他們沒事，他們甚至努力讓我們相信，他們心情很好。遇到剛剛歷經失落的傷心人，我問他好不好，得到的回答總是：「我很好。」

在很多演講的場合，我通常會問現場聽眾，有多少人喜歡別人說謊，當然沒有人舉手；我又問，現場有多少人曾經在經歷傷心事件後，沒有誠實說出自己的感受，所有人都舉起手。我們一直被教導「誠實的說出內心感受」是不行的，因為大家都怕會被人論斷或批評。好悲哀啊。

「我很好」真的「很好」嗎？這句話很危險，因為說這句話只是在轉移我們和對方的注意力，但是傷痛和孤獨仍在，結果只是讓傷口外面結了疤，但心仍是破碎的、一團糟。

事情過去了？為何還閃神

我曾與成千上萬傷心人對談，有時不免會說：「你感覺沒什麼精神啊。」很少有人會爭辯這一點。的確，傷心人有時候能做的，就只是機械化的起床、做些例行公事，就這樣過一天、一週、一個月，甚至到最後，一輩子都這麼過，根本沒什麼精神。

未化解的傷心最損耗你的精神。最常見的情形是，只有表面的傷口看似癒合，實際上傷心仍埋藏在心底。很多人（包括心理衛生方面的專家）都沒有了解一個事實：未化解的失落會不斷累積，而且對你有害。

我們的精力往往在身心靈處於和諧狀態時，才能最有效的發揮；未化解的傷心往往將我們的身心靈分開。你可能有好幾次「閃神」的經驗，例如你明明在開車，卻突然發現怎麼不知不覺開過三個路口？你的腦袋裡想的，可能是正在跟某位沒坐在你身邊的人對話。

這類幻想對話的對象，通常是跟已過世的人、你的前任配偶或男女朋友，這些對話代表了你和那個人之間，還有未了結的情緒。一再巴著這些未了結的情緒不解決，只會消耗你大量精力。

為何我心情時好時壞？

如果活在已經療癒的假象裡，最直接的後果是：很多人因此自認一切都過去了、沒事了。這會讓你喪失活力與自發能力（spontaneity），日後幾乎不可能好轉。還有**許多人會陷入一種平靜的絕望中，心情時好時壞，但回不去全然快樂喜悅的狀態**。

我們為觀念錯誤付出了高昂代價。每一次失落沒有適當了結時，我們的活力就會受到限制，並且不斷累積，於是生命逐漸成為必須忍耐的東西，這個世界逐漸變成處處與你作對。由於觀念錯誤，我們一直沒有獲得公平的機會可以有效解決生命中的失落。

你之所以閱讀這本書，心裡頭一定有**隱藏的失落**。或許是最近遭遇親人過世的打擊，或是想要結束一段不愉快的婚姻。還有可能是，你想起自己小時候把人生想得很美好、充滿快樂和歡笑，但是隨著時間流逝，許多微小但未化解的失落不斷累積，你有天恍然發現，人生跟你想的不一樣。也可能你甚至不記得曾經有過「生命會很美好」的想法，對你來說，「我的生命並不快樂」的感覺不斷在累積，但是你只知道自己不滿足，你找不到什麼參考依據可以決定自己是不是快樂。

不管是上述哪一種情況，你應該試過不少方法，想要讓自己有快樂與幸福的感覺。心理治療、宗教、靈修等課程或許都曾提供你有價值的意見或方法；不過，你可能**隱約感覺過去有些關係沒有真正「結束」**，這種感覺會阻礙你，讓你不再對未來懷抱希望。

這本書就是為這樣的你而寫。

第一部

開始，走出失落

開始前的叮嚀

要從失落中療癒，得靠傷心人做出一連串微小、正確的選擇。你已經做了以下幾個正確的選擇：

一、你已經意識到有個問題存在。

二、你察覺到，這個問題跟失落有關。

三、你開始讀這本書，你知道自己**現在**願意採取行動來了結自己的傷心。

接下來四章會介紹，開始走出失落的必要行動。成功與否，就看你是不是願意落實每一個行動。

第六章　遭遇是別人造成，難過是自己造成

選擇開始療癒之前，一定得先知道從哪裡開始、如何開始。有三個詞彙可以幫助我們開啟療癒的過程：不同（different）、更好（better）、更多（more）。

不管你的失落是死亡、離婚，還是與某人痛苦的疏離關係，**「如果能重來，你希望哪裡能有所不同、表現得更好、有機會做得更多？」這個問題一定可以幫助你找出未了結的情感。**

我們回頭看看約翰的外公過世當天的情況（請見第三章）。

當時約翰被送到校長室，大家想讓他一個人靜一靜，這件事強化了他以前學過的：不要把心裡的感受說出來。約翰坐在校長室，仔細回想跟外公的關係，他想向外公道謝，感謝外公教他這麼多。

可是，約翰有個愛拖延的毛病，什麼事都要過了很久，才會表達自己的感受。這一

次，他還來不及對外公說謝謝，外公就過世了。約翰就是卡在這一句未說出口的「謝謝」裡，走不過去。如果有機會重來，這就是他希望情況能不同、可以表現得更好，或做得更多的地方。

約翰開始後悔自己過去所做的選擇，他感到難過，很多人會說這就是「內疚」，其實這樣說不對。如果能重來，我們希望事情能有所不同，可以表現得更好或是做得更多，並不等於我們「內疚」。我們反而得將這些希望找出來，否則，我們就會開始把自己的難過歸咎於死亡或其他失落。只要我們一再認為某人或某件事是罪魁禍首，我們就無法得到真正的療癒。

老說別人造成，結果毀了自己

第三章曾解釋過，為什麼「只要靜待一段時間，傷口就會好」這句話是錯的。還有一個很多人都有的想法，也是阻礙傷心人復原的錯誤觀念：我的難過都是某人或某件事造成的。你是否也曾這麼說呢？

那個人真讓我抓狂。

這事毀了我美好的一天。

要不是他對我做了這個那個，我才不會有事！

「我的感受和行為都不是我自己造成的」，這種態度氾濫，同時也是小時候透過影響式學習學來的。父母難免會對小孩子這麼說：

你讓我很高興。

你真讓我驕傲。

不要惹你爸爸生氣。

小孩一再被告知，他們的行為會讓爸媽產生一些情緒，因此他們就了解到：反之亦然。如果我會讓爸爸媽媽產生某種情緒，那麼他們也會讓我產生某種情緒。這就是現代生活中常見的「受害者」心態形成的主因。

我們稍微將羅斯福總統夫人艾蓮娜（Eleanor Roosevelt）的話改寫：「沒有徵得

你的同意，沒有人可以讓你覺得自己很糟糕。」（按：原來的說法是「未經你的同意，沒有人能讓你自覺低人一等。」）

儘管已經有這麼一句至理名言，要人不將自己的情緒算到別人頭上，難度還是很高。**一旦我們把自己的負面情緒百分之百歸咎於其他人或其他事件所造成，我們等於要他們負責終結我們的負面情緒**。

有則「開車上班，毀了一天」的故事，可以說明這個概念。

你有個朋友某天早上開車上班，在路口遇到紅綠燈，他很遵守交通規則，把車停了下來。他開始神遊，因為太忘我了，沒注意到燈號變了，車子一動也不動，然而停在他後頭那輛車的駕駛注意到了。

於是，後面那位駕駛按喇叭，告訴你的朋友已經是綠燈了，接著你這個朋友就搖下車窗，向後頭那位駕駛道謝，感謝對方按喇叭，讓他知道燈號已經變了。

等一下，這在開什麼玩笑？我們重新倒轉到「後面那位駕駛按喇叭」那裡，故事接下來的發展，應該比較像下面這樣：

你的朋友很尷尬，沒有人喜歡尷尬的感覺，他當然不想歸咎自己沒注意到綠燈已經亮了，他這輩子同樣也不斷在練習把自己的情緒怪到別人身上，所以，他非但沒向提醒他注意燈號已經改變的駕駛說謝謝，反而心想：「那傢伙令我抓狂！」

幾乎沒有多想他的腦袋裡充滿了各種「報復方法」，目的是保全自己的面子、扳回一成。他搖下車窗，探出頭，把自己的不快大聲咆哮出來：「喂，老兄，滾開啦，不要跟在我後面！」

事情還沒完，他故意放慢車速，擋住對方以示懲罰。他一天的好心情被毀了，可是他覺得自己沒做錯什麼事。

這位朋友很憤怒，但是他沒發現：讓他那麼不舒服的人，其實是自己。他不知道，是他自己的態度和行為造成這樣的局面，他應該好好想清楚他做了什麼。

問你一個有陷阱的問題：是什麼毀了野餐？雨天？還是我們看待雨天的態度？答案是：兩者皆是。下雨確實毀了野餐，但是老天下雨，你沒轍；你能夠掌控的，只有你對下雨的反應。

所有失落幾乎也是如此。我的傷心是什麼造成的？是失落？還是我對失落的反應？答案同樣是：兩者皆是。**事情已經發生了，通常無法回到原來的樣子；不過，要用什麼態度來面對，卻是我們可以決定的。**我們可以學習一些技巧來幫助我們，來結束失落事件所造成的痛苦、失望、挫折和心痛。

公車誤點、服務生端上來的蛋冷掉了，有人可以牽拖是「國際陰謀」，還有人認為是政府在搞破壞，也有人怪罪老闆是這樁苦難的源頭。但是仔細想想，這都是「我的抓狂都是別人害的」這種想法在作祟。一旦我們認為什麼人或什麼事該為我們的感受負責時，我們的「怪別人」開關就會自動開啟，不是「自我反省」，而是「檢討別人」。

遭遇是別人給的、情緒是自己給的

我們還小的時候，無力改變父母和其他大人的行為，等到童年過後某個時刻，我們可能會突然意識到，在以前我們無能為力時，曾經發生過某件事。面對過去那個事件，我們現在會出現一些反應，我們必須想想到底自己哪裡有問題，不然永遠會以受害者自居。

有不幸降臨在自己身上已經夠慘了，如果我們又一再透過回憶，讓這傷痛持續下去、再現，那就更慘。雪上加霜的是，我們一直沒有被教導正確的技能，無法終結回憶起那些久遠事件所造成的傷痛。

社會化過程中，我們一再被灌輸錯誤的觀念，認為我們是傷痛事件的受害者，所以不僅對別人的想法、感受和行為無可奈何，對自己的痛苦也無可奈何。因此我們必然會認為，下雨百分之百是造成我們失望的元凶。

大部分人會聽到旁人建議：「放下吧」或是「過去的已經過去了」；如果人的腦袋跟心可以那麼輕易就解除問題，然後繼續向前走，那就最完美了，不過事情沒那麼美好。除非你承擔起自身療癒的責任，不然是不會有任何改變的。

為了協助你破除「我百分之百是受害者」的慣性想法，我們要請你接納一個新的想法：我之所以有這種感受，我要負百分之一的責任。一把小小的鑰匙就能打開一扇大大的門，小小的百分之一責任當然也可以打開你的腦袋、打開你的心，幫助你踏上療癒之路，也就是說，你現在不能把書放下，要繼續看下去，才能找到解決方法。

找個伴或是自己來，都行

理想的狀態下，療癒以團體進行最合適。在眾人的故事分享、刺激鼓勵下，可以精確描繪出自己的失落記憶。

本書的第一版中曾經告訴讀者，療癒無法只靠自己的力量單獨完成，必須找個伴。很多人看到這裡就把書放下，放棄採取行動來療癒，因為很多失落感受真的是無法為外人道。然而，如今筆者發現，即使一個人，也能夠完成療癒。因此，在接下來各章介紹療癒的步驟時，筆者加入了「一個人的療癒，該怎麼做」，讓你即使找不到伴，也不要失去自我療癒的機會。

什麼伴可以一起療癒？

如果可以的話，**找個「也在處理自己失落的人」當同伴會很好**。

一般來說，你跟夥伴各有不同的失落，不過，家人面對相同的失落，一起療癒也很常見，雖然處理的是同一種失落，但因為每一段關係都是獨一無二的，療癒當然也會獨一無二。如果一起療癒的兩個人一個是處理死亡，另一個是處理離婚或其他失落，那也很好。

你或許覺得沒有人真的了解你的傷痛，又或許會覺得，自己的朋友也不見得能體會你的傷心。當別人說他們了解時，其實他們根本不了解，你所擁有的情感關係絕對不同於他們所擁有的關係。即使同為家人，各自的關係也是獨有的。

如果要找一起療傷的伴，傷心人常常被告知，要去找有類似失落經驗的人。寡婦的傷心，只有寡婦可以體會；痛失子女的心碎，只有經歷同樣遭遇的父母可以感同身受。這種說法是錯的。事實上，**只要是遭受過強烈情感失落的人，都可以成為理想的療傷夥伴**。

家裡可能也有其他人跟你一樣為同一件死亡事件傷心，如果你沒有清楚表達自己的感受，他可能不會知道。你的家人或許就是很棒的同伴。如果家裡沒有，你還能從很多地方找到伴。在辦公室，你會聽到有人在說某人過世了；健身房、超市、教會或社福機構都是可以找到其他傷心人的地方。把傷心這個話題帶到社交聚會，你會發現，每個人都有故事可講，他們可能會很興奮的發現，原來有個療傷課程可以參加。

找到可能的夥伴之後，要**誠實以對**。把這本書介紹給他，告訴他你打算怎麼做，問問他是不是也厭倦了感到傷痛、願不願意跟你一起療傷。如果一開始找不到伴，千萬別氣餒。你會聽到各式各樣的回絕理由，不要在意，只管繼續尋找，直到找到為止。

如果受限於環境與事件，找個夥伴一起療癒對你來說不切實際，或是你害怕這麼做，那麼你就自己一個人進行療癒，千萬不要就此放棄。

不管你有沒有夥伴，本書都會提供適合的方法。

第七章 情緒充分釋放，情節可以保留

開始讀這一章前，希望你已經決定開始療癒自己，不論是找到伴了，或是決定自己一個人療癒都可以。本章接下來會說明你和夥伴第一次聚會該注意哪些事，如果你決定一個人進行，也不要略過，其中有些說明也適用一個人。

第一次聚會

讓情感自然流露

本書計畫了七次聚會，每次聚會大約需要一個半到兩個小時，前六次聚會後都會有挑戰。請安排每次聚會之間至少間隔兩到三天，好讓你和夥伴有充分的時間完成挑戰。

第一次聚會不需要太長，一個小時應該就夠。這次聚會中必須確定接下來幾次聚會的時間，是不是雙方都可以配合。

不一定每次都要在同樣的地點聚會，但務必要挑選讓雙方安心的場所。我們談論失落、傷心的話題時，產生一些情緒、有時難免會掉淚，是正常且自然的反應，請記得準備好面紙。

不過，也不是非得將聚會的氣氛弄得很哀傷，如果聚會中沒有人流淚，千萬別覺得你們出了什麼問題。同樣的，也不要覺得哭就可以一了百了，解決所有事情。

你們還得確認一件事，雙方是不是都可以接受擁抱，因為有些人並不習慣擁抱，不必勉強。在聚會過程中情緒發洩是好事，但是擁抱或觸摸夥伴的肢體接觸，常會打斷這樣的情緒。因此，最好是在聚會尾聲時再來「互相抱抱」。

一般來說，建議你們不要坐得太近，這樣一來，說話的人就不會覺得透不過氣，或有壓迫感。盡可能把對方想成談心的朋友，這不是在做「心理治療」。或許談論的主題讓你們一開始有些尷尬，但目標是要能夠**自在又舒服的談論失落**。

建議你打開自己的心，聽對方說話。

療癒成功的前提

你必須先做些承諾，整個療傷過程才能發揮效果。

一、情緒完全誠實、情節可以保留

不管是和同伴一起，或是一個人，所謂百分之百誠實，是指你必須坦然談論生命中的失落和你的感受。隨著本書的療傷步伐，你越來越有能力了解自己為什麼傷心，也會更自然的說出你的失落。

百分之百誠實意味談論自己，不是談論別人。不要掉進變成談論別人的陷阱裡，你只可能知道關於自己的真相，談論別人時，純粹都只是你的猜測。

要你做這個承諾不是說你不會誠實，只是說，有些事情你不一定願意告訴夥伴，或許因為那些事件的細節、事實太複雜，讓你不好開口。沒關係，重點不是「情節」，而是你必須誠實說出自己的真實「情緒」。如果你是一個人療癒，當然更需要絕對誠實。

二、對夥伴的心事完全保密

療傷過程中，你會談到生命中經歷過的傷痛事件、當時的情境，不說夥伴的祕密是「絕對保密」那一等級，說明白一點，你必須把夥伴告訴你的任何祕密都帶進墳墓裡。你相信夥伴也會這麼做。（也就是說，你的夥伴可能反而不是你的暱友或經常見面的人。）

三、別用自己的感覺評斷別人的情緒

每個人的療傷過程都是獨一無二的、個人獨有的，也就是說，每段關係、每段療傷對話都是獨一無二的。正因為每位傷心人都是獨一無二的，所以你絕對不要有比較「誰比較對」的想法。只要一比較，就會縮小或放大真相，那就不是真相了。

別人怎麼看你的傷心都不重要，你自己怎麼看才是重點。療癒能否順利進行，完全看你和夥伴是否能**在沒有打斷、分析、批評、評價的情況下，表達自己的想法和感受**。

不論你是獨自進行還是與人共同進行，都務必要認真執行接下來的行動，並完成聚會後給你的挑戰。

找伴一起療癒：務必用口頭方式確認彼此都做了以上三點承諾。

一個人療癒：你可以跳過第二個承諾，但是切記對自己務必要誠實，第三個承諾也很重要，你是獨一無二的，放下那些批評或評價自己的念頭吧。

第一份挑戰

以前我怎麼處理這種失落

不管你找伴一起，還是一個人療癒，都請回頭讀前六章，拿枝筆，把你認同、有同樣經驗的地方圈起來。第三章提過約翰和羅素（筆者）在人生過程中處理失落時，學到以下的觀念：

一、不要難過。

二、找東西來取代失去的。

三、獨自傷心。

四、讓時間撫平傷痛。

五、為別人堅強起來。

六、保持忙碌。

你或許對這六點很熟，你甚至有切身體驗，不必驚訝，這些觀念在我們生活當中隨處可見。

拿一張空白的紙，寫下這六點中哪些曾發生在你身上，別人曾拿這些話來安慰你嗎？你腦袋裡是不是有這些觀念？如果你還有學過或看過其他處理失落的觀念，也一併寫下來。這張紙將是你療傷過程的開始。

接下來，看看下面這幾句話，有幾句是你聽過、學過，也一直相信的。同樣的，如果絕大多數都是的話，不要驚訝，這些觀念在這個社會一樣普遍。把你聽過的其他有關失落的話語也寫在紙上。

控制一下自己。

你不能崩潰。

咬牙撐下去。
你要自己振作起來。
我們了解你的感受。
幸好你還有另外一個兒子，要心懷感激。
生活還得繼續下去。
他現在已經到更美好的地方去了。
所有事情總會過去。
她的人生已經無憾。
上帝絕對不會把你承受不了的東西給你。
你不應該生上帝的氣。

現在，你已經列出你一直以來處理失落時用到的觀念和想法。你得先知道自己一直以來都是用哪些想法來處理傷心，才能進一步看出這些觀念是不是有幫助，或只是有礙你的療癒。務必要好好的找出這些觀念。你挖出的舊觀念越多，就越容易接納接下來我們要教你的一些更好的觀念。

接受傷心，才有轉機

我們提過許多錯誤的觀念，這些觀念限制了我們有效化解傷心的能力，其中包括：

控制一下自己。

你不能崩潰。

咬牙撐下去。

你要自己振作起來。

我們一定要時時提醒自己，傷心是面對失落時正常且自然的反應。**傷心是人類的正常反應，讓我們明白，從這一刻開始，事情已經跟過去不同**。上面這四句話隱含的意思是：當我們對失落做出正常反應時（也就是傷心），我們一定是哪裡出了什麼問題。

然而，當一件或一連串讓你無力抵抗的事件發生時，人被擊垮是天經地義的。重大的失落事件影響到生活時，迷失、茫然、疑惑、挫折都是正常的感覺。我們常常聽到有人用「崩潰」或「被打倒」來形容某個遭逢失落的人，很悲哀，這些不正確的用語毒害了我們處理傷心的觀念。

第二次聚會

面對失落，哪裡出了錯

你已經承諾過對自己百分之百誠實、不說夥伴的祕密、你是獨一無二的。同樣的，請找一個舒服的隱密空間聚會，就算嚎啕大哭也不會不自在的地方。手邊請準備好面紙。

這次聚會讓我們知道，自己一直在用哪些觀念處理失落。你要將這次的聚會看成讓你們全盤討論傷心、失落和錯誤觀念的唯一機會。後續的聚會將會越來越著重細節的探討。

第二次聚會有三個陷阱，小心不要掉進去。一是容易變成獨白，而不是討論。第二是可能流於分析、批判或是評價別人。第三是**帶進宗教、靈修、理智、心理治療等觀念**。**雖然這些領域在日常生活中都很有價值，但是用於療傷時常常會令人混淆，反而干擾**。

這次聚會的目的，是確認療癒之路上很多你深信不疑、卻是大錯特錯的觀念。希望藉由這個過程建立你們相互的信任和安全感，安全感可以讓你不會覺得那麼被孤立；提高參與感，你們會驚訝的發現夥伴之間竟然有那麼多共同點。

請輪流說出自己的觀念，也就是約翰和羅素小時候學到的「六大錯誤觀念」其中一些（甚至全部），然後花點時間討論這些觀念對你們的影響。

接著，再輪流說出自己的其他觀念，同樣要花點時間討論這些觀念對你們的影響。聚會結束前，記得為下一次會面敲定時間和地點。

一個人的療癒，該怎麼做？

挪出一些時間再把前六章讀一讀，把你自己列出的觀念跟書中所提的觀念做個比較，想一想這些觀念對你有何影響，隨手寫下來。

問自己一個問題，或許有點不好回答：「我之所以選擇一個人療癒，是不是因為以前學到的某些處理傷心的觀念，其實根本沒有讓我把傷心處理掉？」

第八章 承認自己怎樣逃避過

摯愛過世、離婚等失落，都會產生大量的情緒反應能量。由於我們從小被灌輸不正確的處理方式，導致我們最後都把傷心、痛苦等負面能量儲存在內心裡頭。

飲食男女，只能移轉無法解脫

有個老掉牙的情況就可說明這個事實。一個幼稚園小孩被欺負，她哭哭啼啼的回家，擔心的大人（可能是媽媽、爸爸、奶奶或保姆）問她：「妳怎麼了？」小孩邊哭邊說：「有個壞小孩欺負我。」大人說：「別哭，來，吃塊餅乾就沒事了。」於是，這個小孩從大人身上學到一個跟著她一輩子的信念：吃東西可以改善情緒。

吃了餅乾之後，小孩的情緒的確變得不一樣，這不是指變好，而是因為她在吃餅乾的時候，**注意力被轉移了**，暫時忘了幼稚園發生的事。不過，幼稚園事件造成的痛苦情緒並沒有真正化解，只是埋藏在餅乾、糖果裡頭，當下的注意力轉移而已。如果小孩後來又想起了在幼稚園被欺負、大哭起來的時候，大人可能會告訴她：「既然都已經發生了，妳哭也沒用啊。」這麼說的意思好像是：繼續難過是不對的，妳得繼續埋藏難過的情緒。

我們從小就學會把情感掩飾、埋藏在食物底下，長大後把情緒掩藏在酒精或藥物底下，似乎也就不足為奇。還有，我們可能在喪禮或守靈時，看到家人大吃大喝，於是學會碰到傷心的事情，就以吃喝來療傷。可是，用大吃大喝來處理死亡或離婚所造成的情緒能量，並不能幫助我們挖掘出情緒能量的根源，也不能結束這段傷心的關係，因為這是一種幻覺，我們誤以為食物和酒精所帶來的短期紓解能一勞永逸，讓我們永遠從悲痛中解脫。

食物和酒精是很明顯、典型的短期能量紓解方法，還有很多很多這類行為，同樣會對傷心人造成負面影響，我們列出一部分：

吃東西。

借助酒精或藥物。

發怒。

運動。

幻想（借助電影、電視、書）。

與外界隔離。

性。

購物，有個幽默的說法叫「敗家療法」（retail therapy）。

工作。

以上這些行為本身並無害，只有出發點不對時才會有害。吃餅乾無助於解決失落帶來的傷痛；同樣的，購物只是一種轉移，讓人暫時忘了親人過世、離婚等真正的傷痛，卻無法真正解決痛苦，甚至帶來反效果：瘋狂血拼過後，常常只剩浪費錢的懊悔。

很多短期能量紓解行為是很明顯的，但有些則不然。以下有個危險的紓解行為是個比較微妙的例子。

常聽見有人定期去掃墓，連續好多年。對有些人來說，這是習俗；但某些人去掃墓抱持的心情是，死亡奪走了他們真正結束某段關係的機會，所以他們常常去掃墓，因為這樣最能讓他們感覺離逝去的摯愛很近。這些人下意識在尋求一些解脫，脫離這段未完結關係所造成的痛苦。問題是，光是掃墓並不能永遠解脫，也不能跟已故者完全做個了結。

希望你看完本章，找出自己做了哪些行為，只是不想正面處理失落造成的傷痛。

時間會治癒一切？騙你的

想像瓦斯爐上有個蒸氣水壺，裡頭裝滿水，水壺底下有火燄熊熊燒著。正常來說，水慢慢加熱到煮沸的過程中，熱氣產生的蒸氣會從壺嘴噴出。大部分水壺都有笛聲裝置，用來提醒我們水煮開了。

若是同樣的水壺裝滿水，瓦斯爐也一樣開著，但壺嘴被一個軟木塞塞住了。想像一下，若是壺嘴無法釋放逐漸增加的能量，水壺裡累積的壓力會有多大？軟木塞正是我們這輩子累積的錯誤觀念，讓我們以為不該將傷心、痛苦或負面情緒攤開來談。

拿蒸氣水壺來比喻，如果你是一個健康的蒸氣水壺，你會將累積的能量立刻釋放。可是，如果你接收了別人告訴你「不要難過」、「如果要哭，就到自己房裡去」這樣的觀念，你的傷心、負面能量就會繼續留在你的心裡、不斷的累積。以蒸氣水壺的邏輯來看，

「時間會治癒一切」的觀念很可笑，時間只會把水壺越來越推向爆炸。

內在的蒸氣水壺壓力逐漸累積時，我們自然會想要紓解，開始做些短期能量紓解行為，第四章曾提過一些。不要忘記了，短期能量紓解行為有幾個問題。第一，這些行為「看起來」有效。這些行為會讓你忘了情緒，或將情緒埋藏起來，造成已經療癒的假象。其次，這些行為是短期的，不會持久，也解決不了真正的情緒問題。還有，如果想拔除蒸氣水壺上的軟木塞，這些短期行為完全幫不上忙，事實上，大多數人根本不知道壺嘴上有個軟木塞、塞在那裡。

到最後，我們內在的蒸氣水壺超過負荷，短期能量紓解行為也無法再產生快樂的幻覺，想像一下，**在這種聚積大量情緒沒有解決的情況下，如果這時發生死亡或離婚之類更重大的失落，後果會如何？**原本就塞住的水壺壓力已經夠大，接下來就等著爆炸了。

雖然有些情緒爆發誇張到登上報紙頭條，不過大部分沒那麼嚴重。這麼問好了，你是否有過情緒爆發的經驗，你爆發的程度大於事件該有的情緒？你的答案是「有」才正常，可惜並不是，對吧？隨著年歲漸長，我們養成一種習慣，把自己內在的蒸氣水壺塞上軟木塞。我們堵住了自己的情感，因為從小到大一直被教導要這麼做。

本書教你的療傷行動將會幫助你拔掉軟木塞，然後你就能更有效的解決伴隨失落而來的情緒。為了拔掉「軟木塞」，我們先討論：為什麼會有軟木塞？

先來做個簡單的類比：如果你的庭院長滿雜草，把雜草修短，短期看來沒事了，但沒過多久，雜草很快就長了。你還有另一項選擇：將雜草連根拔起，徹底剷除。

已經到了你抉擇的時刻：你要短期還是長期的紓解？我希望你選擇長期、真正的紓解，也會在這過程中引導你、協助你。

第二份挑戰

找出你依賴的短期特效藥

這份挑戰（不管你是一個人進行療癒或是找了夥伴，都必須做）是找出你曾經，或是你正在使用來逃離傷痛的能量紓解方式。

再把本章讀一遍，然後找出至少兩個自己曾用來紓解情緒的短期特效藥。這並不像表面看來那麼容易，可能這是你第一次有機會，看看自己是不是百分之百誠實。

以下是本章前面提過的短期能量紓解行為，以此為參考，判定自己是否也常依賴這些短期特效藥。

吃東西。

借助酒精或藥物。

發怒。

運動。

幻想（借助電影、電視、書）。

與外界隔離。

性。

購物。

工作。

拿張白紙，寫出你曾有過的上述九項短期紓解行為，再列出其他你曾經做過的類似行為。這個社會一直要我們掩蓋情緒痛苦，而不是直接正視痛苦，這種現象實在太普遍。開始這份挑戰前，我們先來看看羅素有段時間曾經依賴的短期特效藥，看樣子沒能為他帶來真正的長期紓解。

羅素從來就不是愛喝酒的人，即使職業生涯大多從事餐廳生意，他也很少喝酒，更從沒喝醉過。第二次離婚之後，羅素每天晚上到一個朋友的酒吧喝一、兩杯，酒吧裡的友誼更加深他這個習慣。

大約三個月後，這個夜間習慣似乎不再奏效，於是他不再喝酒，開始每晚回家看脫離現實的推理小說。**他用另一個短期習慣來取代舊的，這是典型的短期能量紓解行為。**

第三次聚會

說說自己的短期特效藥

一開始要再度重申你的承諾：對自己百分之百誠實、不說夥伴的祕密、你是獨一無二的。同樣的，請找一個舒服的隱密空間聚會，就算嚎啕大哭也不會不自在的地方。手邊要準備好面紙。

與夥伴討論你依賴哪些短期特效藥，可能是個好玩的討論，不過，也可能會帶來痛苦、尷尬的情緒。請特別小心，千萬不要流於論斷、批評或評價你的夥伴（或你自己）。

絕對保密的承諾要謹記在心，真相和安全感是療癒過程中不可或缺的。

看看自己所列的短期紓解行為。務必要記得，我們之所以有這些行為，並不是因為我們哪裡有問題，而是因為我們一直被教導要這麼做。

做這個練習有個重要的目的，是協助你意識到自己可能無意中一直在做某些事。想要改掉對你有害的習慣，前提是必須先察覺你有哪些對你有害的習慣。

完成之後，就可以為下一次會面敲定時間和地點。

一個人的療癒，你確定？

再把本章讀一遍，不僅要通盤檢討，也要細部檢討自己用過哪些短期的紓解行為來處理失落。還要請你問問自己，不需要覺得不舒服：「**有沒有可能我的短期紓解方式之一就是孤立隔離？這是我之所以沒有找夥伴一起療傷的另一個原因嗎？**」

感覺好像是我一再對你施壓，但這只是基於我多年的經驗。大多數難以找到夥伴的人，都只是害怕被拒絕罷了，也不是說一定不會發生被拒絕這種事，請再考慮一下，你是否真的想一個人療癒。這是你的決定。

第九章 翻找我過去的失落記憶

現在你已經知道了，光靠轉移觀念、理智、短期紓解能量這些方法，都不能帶給你長久快樂，你可能會開始不知道該怎麼辦。這時你可能會「表現得好像已經療癒了」，你會說「我很好」，但其實真正的意思是「我很難過」。

如果你就此停止療癒，其實會很危險。要是有什麼神奇方法可以讓你卸下失落之痛，本書一定會告訴你，但是沒有，只好退而求其次，教你如何結束造成你痛苦的關係。

你要學會畫失落史圖，用意是為了幫助你自己挖掘出生命中發生過的失落、知道其中哪些失落限制了你每天的生活。乍看之下似乎很奇怪，自己的失落，你不是最清楚、早該知道了嗎？居然還要別人來告訴你必須找出生命中的失落？悲哀的是，很多人（尤其是年輕的時候）學會比較失落的大小，接著盡可能壓抑情感，因此過去事件所衍生的情緒，仍然繼續影響自己往後的生活而不自覺。

別人比你慘，不會讓你比較好過

成長過程中，你一定聽過這樣的說法：「我因為沒有鞋子穿而哭泣，直到我看到有人沒有腳，我才停止哭泣。」顯然這句話是要我們靜下心來想一想，對自己所擁有的東西心懷感激，不要只想著自己缺了什麼。

雖然這是值得讚揚的想法，但這句話的背後常常被解釋成：「跟別人的失落比起來，自己算幸運了，所以要壓抑自己的情緒，不要把自己的傷心看得太嚴重。」

羅素參加一場晚宴，身旁坐著兩位女性朋友，第一位的丈夫幾個月前死於癌症，第二位則正因為辦理離婚手續痛苦不堪。羅素問第二位女士最近好不好，她低聲說：「糟透了，但是我不能難過，因為她更慘，她先生過世了。」

這就是典型的例子，拿別人的失落來相比，然後壓抑自己的情緒。

回想你的失落史

習慣一旦養成，就會無意識的持續做。我們的生活就是一連串習慣組成的，你可能沒想過，你這輩子到現在穿鞋的時候，大概都固定先穿某一隻腳。你這輩子處理失落的方式大概也依循固定模式，所以才需要有個「失落史圖」。我們得先知道自己習慣的模式是什麼，然後才能正視它，進而改變它。

我們做這個練習的主要目的是：**詳細回顧你生命中讓你感到失落的幾件事，並找出其中的模式**。

畫失落史圖還有個原因，其中一個是可以把每件事挖掘出來檢視一下。一味的埋藏或是選擇遺忘，只會延長痛苦和挫折。另一個原因是練習做到徹底坦白。不說謊不代表就是誠實，也就是說，人會略過一些事情，創造出不精確的圖像。這個練習還有一個額外的好處：看看自己發生失落之後，都仰賴哪一種短期特效藥來紓解。

我們這一生還會有其他失落要面對，也都不想再落入同樣的困境裡，就像老登山客告訴年輕的登山客：「如果想避開抓熊的陷阱，最好就是先知道那些陷阱是什麼樣子。」

要畫出失落史圖，最好要先知道這種圖長什麼樣子。下頁圖9-1是約翰的失落史圖，每件失落下方都有線條，長短代表他傷心的程度。以下是約翰的說明。

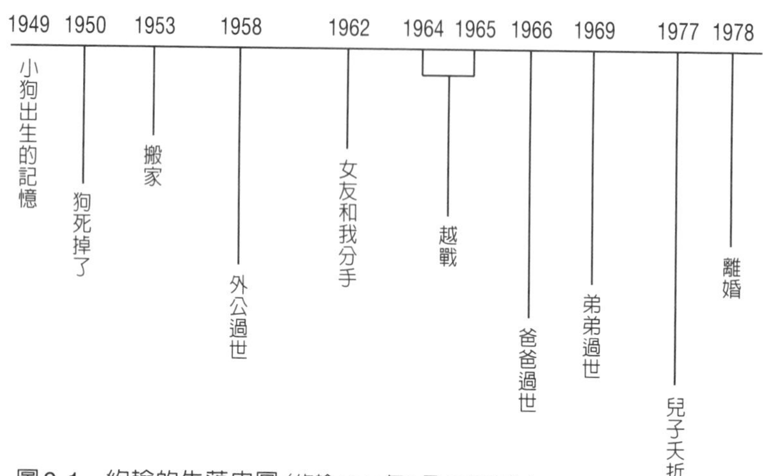

圖9-1 約翰的失落史圖（約翰1944年2月16日出生）

一九四九年，有關小狗的記憶。

首先，我要先說一下我人生的記憶是何時開始。我的記憶是從家裡的狗生下一窩小狗狗那天開始。有天深夜，我和弟弟都已經在睡夢中了，爸爸突然把我們叫醒，帶我們到狗的小床邊。這隻一向很友善的狗似乎變得不認識我們了，她的眼神多疑不安、充滿警戒心，我記得當時我有點兒害怕。

爸爸拉我們靠近小床，我可以看到她的身邊有三、四個肉塊。沒多久，她開始發出哀鳴，在窩裡扭來動去，我想她一定很痛，心裡很想幫她一把，但是爸爸要我們不要插手，說她生不出其中一隻小狗，這時我才突然明白那些小小的肉塊是什麼，我感到既開心又害怕、有些驕傲，同時有很多疑問。最後必須靠著爸爸的協助，她才順利生下最後三隻小狗。

我和弟弟想立刻抱抱那幾隻小狗，摸摸牠們，但是爸爸說，狗媽媽可能不喜歡我們這麼做，於是我們只好回去睡覺。我們當然睡不著，大半個夜裡都在聊這件奇妙的事。接下來兩週，我們一直掛念著狗媽媽，並且等著看小狗張開雙眼。

這是我人生首度有記憶的事，我對發生在更早之前的事，完全沒有記憶。

一九五〇年，狗死掉了（見第三章）。

一九五三年，搬家。

這是我第一次搬家。對小孩來說，搬家是重大的失落。爸爸媽媽解釋了各種合理的原因，告訴我為什麼要搬家：新家的居住環境比較好、房子比較新、離學校更近，而且房子是買的，不是租的。**這些理由並沒有讓我感覺好過一些，我只知道我很想念我的朋友**。

一九五八年，外公過世。

一九六二年，女友和我分手。

一九六四到一九六五年，越戰。

這個社會對待越戰退伍軍人的方式，往往讓人喪失信任，就是因為如此，才導致退伍軍人至今仍問題重重，整個社會為此付出昂貴代價，到現在都還沒結束。越戰那幾年，有超過五萬八千名美國軍人戰死沙場，戰後至今更已經有高達三倍於此的人自殺。

一九六六年，爸爸過世。

自我從國外返家以來，我只見過爸爸一次面，這段關係有很多未解開的部分。他一直喝酒喝個不停，直到酒精取走了他的性命。爸爸酗酒是我很痛苦的經驗。

一九六九年，弟弟過世。

弟弟那年二十歲，他是南伊利諾大學撐竿跳選手，身強體健。當時他跟兩位大學朋友同行，要來南加州找我。他們來的路上決定在某家旅館停留過夜，大家各自回房先睡個午覺；傍晚時分，他的朋友去叫醒他，卻發現他已經死了。

我花了好多日子，試圖找出理性的理由來解釋他的死亡，一直遍尋不著，最後我怪罪上帝。

一九七七年，兒子夭折。

兩年前，我的女兒出生，這是我人生的高點，等到妻子再度懷孕時，我期待再度享受這樣的經驗。妻子懷孕進入五個月之後，開始出現併發症，她出現早產現象時，我們火速趕到醫院，用盡可行的醫療技術，希望小孩不要太早出來。妻子的身體連接著監視器，一連兩天我們都聽著一個健康的心跳聲，心裡卻明白這個小孩存活的機會微乎其微。

我這輩子一直深信自己的職責是當個男人、丈夫、父親，我也一直認為我的工作就是找出問題所在，然後解決它。但是我立刻發現，不管我認識誰、懂多少東西、有多少錢、有多麼聰明，都無濟於事，我就是無能為力。這是我這輩子最挫折的經驗。

儘管用盡了一切醫療方法，我們的兒子還是提早出生了。他的體重只有兩磅（約九百公克），頭髮是黑色的，被放在一個接著大大小小監視器的玻璃箱裡。頭八個小時看起來似乎一切安好，只是，情況接著急轉直下。但是，我完全無能為力，只能站著看每一臺監視器，然後覺得自己真無能。

這種情況持續了兩天。我想幫助妻子，因為我一直被教導要這樣做，這也沒什麼不對，只是在努力幫助她的同時，我並沒有理解到自己的痛苦。第二天結束時，我兒子呼出了一口氣之後，就再也沒有吸氣了。

情況就這樣一路走下坡。我開始厭倦、憎惡別人說的話、做的事，我和妻子之間無法溝通的問題也浮上檯面，我們的關係立刻破裂。接下來八個月，**我停不下來、到處跟人講話、閱讀所有能拿到的東西，以此減輕痛苦。也在這時候，我發現自己得不到什麼幫助可以處理傷心，那真是徹底的絕望。**

一九七八年，離婚。

我和妻子離婚的原因是，我們不知道該怎麼處理生命中這些轉變所帶來的傷心。我們是新婚夫妻、新手父母，同時也是傷心一族的新進成員，一切都在同時發生。兒子的過世是壓垮駱駝的最後一根稻草。

就像典型的傷心人一樣，我一心一意只想著，要是事情能重來，我哪個地方用不一樣的做法，或是做得更好、更多，情況可能就會比較好。要是我不是那麼在意醫療費用的問題，我妻子可能就會更常去做產檢。那天晚上緊急情況剛發生時，由於我們沒有請保姆，也不知道情況會那麼嚴重，所以我沒陪妻子一起去看醫生。

我常常坐著想，她當時一定很害怕。但就算後來這些念頭浮上我腦海，我還是**欠缺技能或練習，無法把當下的感受說出口**。我覺得孤立無援、孤單，不過我仍然堅信我應該要堅強，應該要把所有情緒都放在心裡才對，因為這是我唯一知道的，我也只能這樣做。隨著這樣的壓力逐漸累積，爭執越來越常見，於是怒氣再加上難過，就引發更多爭吵。同時，我妻子心裡在想，如果她生完女兒、休息一陣子，不要這麼快又懷孕就好了，這一切就不會發生。這是她希望能有所不同、表現得更好、做得更多的地方。她同樣也不知道**應該把內心的感受說出口才對**。

在婚姻裡頭，一旦溝通破裂，不論原因為何，離婚只是早晚的問題。等到離婚之後，我們又多了一個傷心經驗得面對，於是這樣的循環繼續下去。

寫作這本書時，我打電話給前妻，請她談談她的想法。她告訴我，多年來她一直不知道，兒子的死對我的影響有多大。她怎麼可能知道呢？當時我隱藏傷心的演技實在太高段了，好得可以拿奧斯卡獎。

畫失落史圖看似一項嚇人的工程，不要怕，我們再來看看下頁圖9-2羅素的失落史圖。

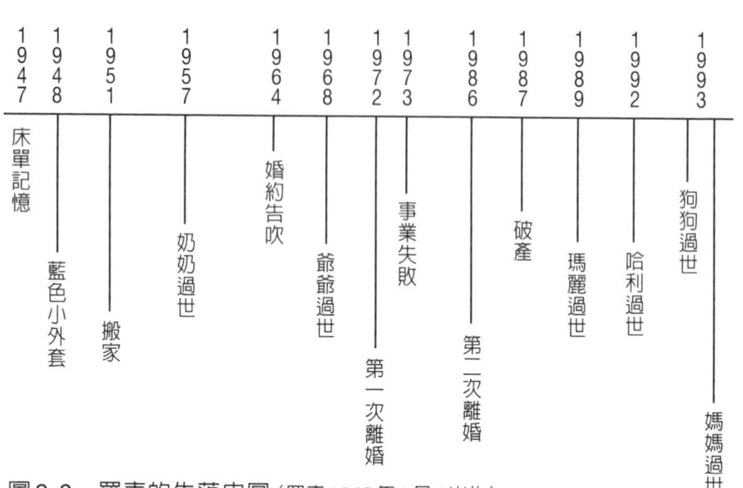

圖9-2 羅素的失落史圖（羅素1943年1月4出生）

每件失落下方都有線條，長短代表他傷心的程度。以下是羅素的說明。

一九四七年，床單記憶。

我人生最初的記憶既不是開心，也不是難過，就只是對一件藍色床單的記憶，上面都是航海的圖案。

一九四八年，藍色小外套。

爸爸帶我去看羅徹斯特皇家隊（Rochester Royals，就是後來的沙加緬度國王隊）的籃球比賽，他買了一件皇家隊的外套給我。隔了一陣子，我把外套弄丟了。爸爸知道外套弄丟時，痛罵了我一頓。**我記得當時覺得，爸爸不再讓我有安全感。**經過了幾次這樣的事件之後，我再也不相信他了。

一九五一年，感覺自己與別人不一樣，再加上一次大搬家。

我天生就對牛奶、蛋、堅果和巧克力過敏，因此在學校吃的食物是特別準備的，這使我覺得自己跟班上的同學很不一樣。再加上我有一頭非常、非常紅的頭髮，還有大約兩百五十萬個雀斑，聽起來或許很可愛，但是身為當事人，可一點也不覺得可愛。我常常被其他小孩取笑，他們的取笑有時甚至可以說是殘忍，但是我找不到方法保護自己，就只是覺得自己非常不一樣。

我住在紐約州的羅徹斯特，冬天非常寒冷，濕氣很重，我深受氣喘所苦，嚴重到朋友建議爸媽搬到比較熱的亞利桑納或佛羅里達。我不想離開從小陪我一起長大的朋友和鄰居，我向父母動之以情，但是我的請求卻換來理智的解釋：學校比較好、房子比較大、爸爸的工作也比較好。**我所傳達的情緒一直沒有處理**。

搬到佛羅里達後，沒想到我身體又出另個問題，對我造成一輩子的影響。我有一頭紅髮，皮膚非常蒼白脆弱，邁阿密的酷熱和致命的紫外線，立刻改變我平常的生活。我被迫在游泳池邊也得穿襯衫，得先在臉上塗滿氧化鋅防晒，才能在戶外玩耍。我有幾次嚴重晒傷，於是變得很害怕晒太陽，這開始影響到我往後選擇什麼樣的活動，也連帶影響到我跟同儕的友誼。結論是：紅色頭髮、蒼白肌膚和雀斑讓我覺得自己跟別人非常不一樣。

一九五七年，奶奶過世。

自從媽媽重返職場工作之後，奶奶就一直跟我們住在一起，小我十歲的弟弟主要就是奶奶在照顧，也是拜弟弟之賜，我才學到「要為別人堅強起來」的觀念。

一九六四年，婚約告吹。

這是我第一段成熟的戀情，兩人已論及結婚生子。當這段戀情觸礁失敗，我沮喪至極，我完全欠缺觀念、工具、技能來幫助自己解決強烈的痛苦。當時我上大四，我蹺課，整天盯著牆壁發呆，有如行屍走肉。

一九六四年，大學畢業。

傳統上，畢業被視為是正面的經驗，這種看法其實只對一半。我就陷入兩股情緒的拉扯、非常矛盾，一個是興奮和新取得的成人自由；另一個是難過，因為要離開四年來熟悉的人和地方。**沒有人想聽或承認我傷心的部分**。

一九六八年，爺爺過世。

我並不喜歡爺爺，他常常板著一張臉，我很怕他，即使長大了，還是覺得他看起來很凶。他過世那時候，他和我爸爸的關係並不好，我試著要為爸爸「堅強起來」。

一九七二年，第一次離婚。

這次離婚完全不在我意料中，我完全沒看到任何跡象。我心力交瘁、疑惑，完完全全失去了方向。我手上唯一用來處理失落的工具是「要為別人堅強起來」，但這次的主角就只有我，我不知道該為「誰」堅強起來。

如今回顧這段經歷，我很驚訝自己竟然能挺過來，真不敢相信當時我開車竟然沒有出意外，因為我幾乎不可能集中注意力。早在那時候，我就已經知道，那次我失去的不只是一樣東西。我有一種感覺，除了失去婚姻之外，我的希望、夢想、期待也都喪失了，還嚴重的喪失「信任」。我本來就不是一個容易信任別人的人，那次離婚以及整個發生過程，更是將我僅存的一點點信任摧毀殆盡。

一九七三年，經營的餐廳關門大吉。

和妻子離婚之後，我們一起合開的餐廳由我繼續經營，但是我滿腦子都是離婚所帶來的情緒，又欠缺有效的技能來處理那些痛苦情緒。雖然我創業頭幾年一直相當盡心盡力，但離婚那段時間我的專注力大不如前。我的判斷力開始出問題，一個決策錯了，連帶就做出其他更糟糕的決策，到最後，我把生意收掉，因為我已經完全無心經營。

一九八六年，第二次離婚。

這一次和第一次非常不同，這次的痛苦更加強烈，除了失去了這段關係、希望和夢想之外，還有一個因素非常困擾我。我四十三歲了，對自己、人生、未來的看法都有別於第一次離婚時，我實在不年輕了。我之前開的餐廳位在老人為主的社區，我常常有意無意觀察一對對老夫老妻，心裡想：「我何時可以跟某個人一起退休，安享晚年？」我的父母、前妻的父母都還幸福的在一起，我有過兩段婚姻，如今卻無人相伴，我覺得自己是徹徹底底的失敗者。

一九八七年，破產。

有過第一次離婚以及隨之而來的生意失敗經驗，不代表我就有能力應付第二次離婚以及隨之而來的財務悲劇。事實上，有一就幾乎一定會有二。我離過一次婚，所以有第二次；我有過生意失敗的經驗，所以又再度失敗。

不管是婚姻還是做生意，我都沒有真正完全療癒、結束失落所造成的情緒，於是未化解的情感不斷累積，占據了我全部心思，導致我接二連三做出糟糕的商業決策，我別無選擇，唯有宣告破產一途。我一直被教導要成為一家之主，負起照顧家人的責任，如今卻得走上破產，我覺得自己是地球上最大的「廢物」。

一九八九年，瑪麗過世。

瑪麗是我女友的媽媽，我們很親，我喜歡她跟我問好的方式，她會真的用心傾聽我的回答。在瑪麗過世之前，我已經開始在傷心療癒協會工作，更重要的是，我已經了結過去失落經驗中讓我痛苦的幾段關係，因此我身上發生了兩種變化。

首先，我已經療癒完成，知道該如何在瑪麗在世時好好跟她相處；其次，我任由自己的情緒因她的死亡而大幅波動。了結了過去的關係之後，我的心能夠再度開放接納新的關係。保持開放心態，意味著痛苦的事情真的會讓我傷心，同樣也讓我學會更懂得愛人。傷心是面對失落時正常且健康的反應，瑪麗過世真的令我傷心。

一九九二年，哈利過世。

哈利是我女友的爸爸。哈利的妻子瑪麗過世之後，我和哈利的關係變得非常親密，我們在他家或我家的沙發上共度了無數時光，每一場運動賽事都沒錯過。他已經八十七歲高齡，但是每一項運動的所有細節都逃不過他驚人的法眼；他對我出生之前各個賽事更是如數家珍，對我來說就像是在上有趣的歷史課。

彷彿命中注定一般，他在美式足球超級盃比賽前幾天過世。超級盃週日那一天，我感覺我的沙發特別空蕩。

一九九三年，狗狗柔伊過世。

柔伊屬於小型寵物狗，體重卻高達一百磅（約四十五公斤），如果一百磅的狗想坐在你的大腿上，你說什麼都沒用。她古靈精怪讓我們很開心，就像大多數人與寵物的關係一樣，我對她就是無條件的愛。柔伊還是小狗狗時，就跟我女友住了，我搬進女友家後，柔伊全心接納我，甚至還教我很多事。

柔伊被宣告罹患癌症時，我們用盡一切方法，只想救她，可是一切都來不及了。她剛過世那一陣子，每天晚上我開車回家，等待車庫的門緩緩升起時，我的心就一直往下沉，我想到柔伊再也不會站在樓梯上歡迎我，這是我這輩子最深的痛苦之一。

一九九三年，媽媽過世。

感恩節前一天，我媽媽過世，發生得太突然，我完全沒料到。我說明一下我得知她過世時的情況。

我當天早上十一點左右剛打完清晨一輪高爾夫，走進辦公室。我的助理在我一走進辦公室，就起身說：「羅素，有壞消息要告訴你，你媽媽過世了！」我感覺胸口好像被重重一擊，力量大到足以讓我倒下，我的膝蓋一軟，開始哭了起來。我的雙腿癱軟，助理和朋友將我圍住，撐住我，我跌進他們的臂彎裡，嚎啕大哭不停。

你回憶起來的都算

大多數人是因親人過世或是離婚，才體會到何謂傷心與失落，我們先來看看，哪些經驗可以歸類為傷心。傷心最普遍的定義是：一組矛盾交雜的情緒，起因是某種熟悉的行為模式終止或出現改變。因此，只要是跟人、地方、或事件有關的關係發生改變，就會產生我們稱之為傷心的矛盾情緒。

我們來看看，哪些失落也符合這項定義。比方說搬家的時候，我們原本熟悉的每個模式都變了，不管是居住的地方、工作的地方，還是平時會遇到的人，可能都不一樣了。

另外，財務出現重大轉變，不管是變好還是變差，都會使得原本熟悉的模式出現大改變。身體功能或能力若出現大改變，也可能產生巨大的傷心：四肢失能、喪失視力、罹患糖尿病或腎衰竭等，會自動改變熟悉的模式；中風和心臟病通常會影響我們運動的方式和時間，也會左右我們的飲食內容和時間；更年期不僅可能對女性造成巨大的失落情緒，也會影響她們的配偶。離婚不僅明顯的影響當事人，也會影響到身邊的人，例如他們的父母、兒女、兄弟姊妹或別人。

有很多生活經驗都符合上面所定義的「傷心」，幾乎只要會對你產生負面影響的，就是傷心經驗。從約翰和羅素的失落史圖中，你就可以知道哪些事件是所謂的失落。**只要你認為某件事是一種失落，就填進你的圖裡，不管怎麼寫，都不會有人說你寫錯了。**

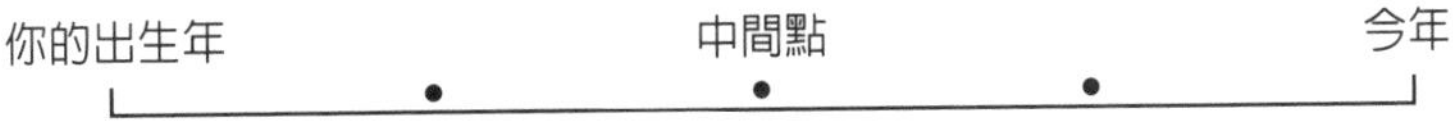

你的出生年　　中間點　　今年

圖9-3 畫失落史圖第一步

第三份挑戰

寫出你的失落史，一個人

說了這麼多，現在該動手開始做了。以下是詳細說明。

一、時間限制一小時。畫失落史圖或許會讓你產生各種情緒反應，或許不會，這都很正常，用不著驚慌。手邊準備一盒面紙，如果有情緒反應，就宣洩出來，不要壓抑。

二、**寫失落史的時候不要與人交談，最好是一個人安安靜靜的做**。

三、拿一枝筆或鉛筆，還要拿一張空白的紙，至少A4大小，稍大一點更好。把紙張橫放在桌上。

四、畫一條水平線，再把這條線分成四等分，輕輕的用鉛筆標示出來，你可以當成時間參考點，請參考圖9-3。我舉個例，如果你現在五十歲，中間點就是二十五歲，在這條線的最左端寫下你的出生年，最右端寫下今年，然後標出你開始有記憶的年分，照年代順序往右寫。

五、約翰和羅素都是從最初的記憶開始記錄，如果你努力回想，會發現你最初的記憶最可能落在兩歲到五歲之間、大概接近五歲的時候。這記憶也許是好的，也許是不好的，也許是開心的、也許是傷心的，可能是某件事、某個經驗、某樣東西或是哪個地方。有個比較容易的回想方式是，想想看你出生以來，第一間有印象的房子。不要花太多時間在回想你最初的記憶，那只不過是個起點罷了。

六、每件事的日期不見得要百分之百精確，你面對失落時的**情緒反應**才是重點。

七、現在花點時間問問自己：「**我生命中最痛苦、最束縛我生命的失落是什麼？**」

經歷時間和傷心程度沒有直接關係

失落在發生的當下都是百分之百強烈，不過日後回想起來，各個失落的衝擊程度仍然有別。也就是說，**時間和傷心程度是衡量某一段關係的重要因素，但兩者沒有直接關係**。

舉羅素的例子來說明。羅素每週固定兩次拿衣物到一間洗衣店，連續十年，每次都是同一位女士收下他的襯衫和錢，他們很少交談，他甚至不知道她叫什麼名字，別人問起，都以「那位女士」來指稱她。有一天，羅素照例去拿送洗的襯衫，換了一位男士替他服務，羅素問：「那位女士呢？」「喔，她過世了。」儘管羅素連她的名字都不知道，也對她一無所知，但是心裡還是感到一陣哀傷。他跟那位女士的關係雖然持續多年，但是他的傷心程度並沒有那麼高。

羅素另一段關係則是他與一位年輕女子在一九六四年互許終身，好景不長，這段激情的關係只持續了三個月，就突然劃下休止符。那時他們兩人不歡而散，雙方再也沒說過話。三十二年後，羅素接到一位朋友通知，說她過世了，這個消息強烈打擊羅素。雖然他們那段關係很短暫，但曾有過非常濃烈的情感，羅素的傷心程度非常高。

如何標示傷心程度？

一、找出你最痛苦的失落，在你那條水平線上最靠近的時間位置，畫一條向下的垂直線，註明是哪一種失落，例如媽媽過世、孩子過世、離婚等。你不必花太多時間詳述每一個傷心經驗，只要仿照之前的範例，簡單寫幾個字來提醒你自己是哪一種失落即可。

二、找出你最痛苦的失落經驗，標示出來之後，再將思緒拉回你開始有記憶的事，依序標示出你所記得的所有失落事件。**請利用垂直線的長度來代表傷心的強烈程度**，務必要簡單註明是哪一種失落，方便你回想，比方說狗狗死掉、生意失敗。

你有時候可能會發現，自己對同一件失落有正面與負面兩種反應，這是完全正常的現象。對很多人來說，大喜之日既是這輩子最興奮的日子，同時也意味著「喪失自由」；孩子出生一方面令人欣喜若狂，另一方面也叫人心生畏懼，因為為人父母得承擔新的責任。在本書第一章就提過，很多傷心情緒往往非常矛盾。

不過，畫失落史圖的目的是把你的注意力集中在傷心的、負面的、痛苦的那一面。**傷心人常常只面對正面的部分，藉此避開痛苦的部分，你可能就是這種人，所以告訴自己，即使做這件事讓你不是很舒服，也請你只集中在失去的部分**。

如果你發現，半個小時過去了，而你只寫下最初的記憶以及一個失落，那就休息一下。有時候太用力反而會卡住，回去看看約翰和羅素的圖，可以幫助你回想起某些失落。

如果感覺自己內在出現一些抗拒，也是很自然的現象。請記得，堅持下去一定會有收穫。以經驗來看，十四歲以上的人至少有五個失落可寫，成年人平均有十到十五個失落。

沒有人會給你打分數，你也不需要獲得誰的認可，只要誠實坦白就好。盡情投入這個練習，你的收穫會跟你的投入成正比，不過，首要之務是：你必須開始做，現在就動手！

畫失落史圖是為了療癒自己，而非自責

恭喜你完成了自己的失落史圖！

你自己的人生故事可能會讓你有所頓悟。找出自己有哪些失落，你會發現，自己直接或間接接收了哪些錯誤觀念。請你絕對不可以評斷、批評自己，也不能批評自己的解釋。

對於自己挖掘出來的東西，你必須仁慈看待，不要責備自己或灌輸你錯誤觀念的人。別擔心，你接下來會有很多機會，可以好好收拾這些錯誤觀念帶來的想法與情緒。

完成了這張圖之後，現在來仔細檢討一下，看看你可以從中學到什麼。從你開始有記憶，你或許可以清楚看出自己過去接受了哪些觀念。如果你是跟夥伴一起療傷，你很快就可以看出傷心人通常有很多共同點。在協會舉辦的療傷講座與課程中，參與者常會很驚訝他們的失落與面對失落的態度，竟然如此相同。

雖然相似之處很多，但我們畢竟還是個別的個體。科學家告訴我們，沒有任何兩片雪

花、兩個結晶體、兩顆砂粒是一模一樣的，只是成分相同。人也是獨一無二的。這項練習說明了人類的相似與差異。

如果你一個人療癒，或許會發現，你有些失落和面對失落的態度，跟約翰和羅素的情況很像。

第四次聚會

把你過去的失落攤開來說

一開始要再度重申你的承諾：對自己百分之百誠實、不說夥伴的祕密、你是獨一無二的。同樣的，請找一個舒服的隱密空間聚會，就算嚎啕大哭也不會不自在的地方。手邊要準備面紙。

這次聚會將決定你接下來的進展。以下說明的準則會引導你完成這次聚會，請仔細閱讀，成功與否將取決於你是否遵照這些指示。

跟夥伴一起療傷是有好處的，好處之一是可以把你寫的失落講出來。為了達到最大的效果，以下是一些非常有用的準則，告訴你該怎麼聽、怎麼說，這是經過二十年研究出來的，建議你一定要確實遵守。**務必要記得帶你的失落史圖，還有你們已經討論過的那兩張表：錯誤觀念清單和短期特效藥清單**。

你該怎麼聽

1. 與夥伴相隔一個合理的距離，**避免好像正衝著對方的臉**或讓他有壓迫感。
2. 做聆聽的夥伴，你可以適時大笑或哭泣，但是**什麼話都不要說**！
3. **不要觸碰你的夥伴**，觸碰通常會中斷情感的宣洩。
4. 請牢記要讓你的心學會聽，盡全力專注於當下，確實把夥伴的故事聽進去。

你該怎麼說

1. 把你的失落史控制在**半小時內說完**。這麼做，是避免你不小心將整個聚會變成冗長的個人獨白，這對你沒有好處。
2. 假使哭泣，還是要繼續講，**努力把話擠出來**，不要往肚裡吞。人很容易會把情緒哽在喉嚨，然後就不說。

3. 講完你的失落史之後，請夥伴給你一個擁抱（假如你可以接受擁抱的話）。
4. 擁抱過後，花幾分鐘再談談你以前學過的錯誤觀念，還有你曾經做過的短期能量紓解行為。這是個很好的機會，可以讓你了解，你的錯誤觀念是如何阻礙你不能好好療癒。

短暫休息一下，換你的夥伴說他的失落史。聚會結束前規畫下一次聚會。

一個人的療癒，該怎麼做？

由於你是一個人進行，所以把約翰和羅素的失落史圖當成你的夥伴可能有用。看看他們的失落史，再看看你的，找出相似之處與相異之處。

再看一看你在上一章寫的短期特效藥清單，你是否能看出你的短期紓解行為與失落之間的關聯。然後看看你的錯誤觀念清單，看看這些觀念跟你的失落有什麼關聯。

第三部

五項行動，解開失落的痛

開始前的叮嚀

你已經閱讀了第九章、畫了失落史圖、手邊拿著你的失落清單。接下來你一定迫不及待想知道，你該拿這些失落怎麼辦。

以下是你必須做的五項行動，第十到十三章會詳細說明。做好這五件事，可以幫你了結重大情緒失落帶來的痛苦。你必須打開心胸、有極大意願和勇氣來做這五件事。

一、覺醒：你體認到確實有未了結的情緒關係。（第十章）

二、承擔責任：這些未了結的情緒有一部分是你自己造成的。（第十章）

三、找出療癒的關鍵話語：關係裡頭，那些你沒有說出口的話。（第十一章）

四、採取行動：把那些話寫出來。（第十二章）

五、拋開失落：與未說出口的話及痛苦說再見。（第十二章、第十三章）

第十章 現在，說出讓你最痛的那件事

本書的內容是根據筆者在全美國、加拿大各地舉辦療癒講座改寫而成。但是，講座和書的呈現方式仍有差異，有些部分必須多做一些解釋，其中包括了解未了結情緒的成因。

療癒講座一般為期三天，我只要問參與者幾個問題，就可以清楚解釋什麼是「未了結」。在講座進行的第二天，我會問一位參與者，他怎麼看待其他的參與者。如果答案是正面看法或情緒，就會請他具體說明，他通常會說：「我佩服她的勇氣」或是「我喜歡他的坦白」。

接著我會問：「你有告訴那位參與者你的看法嗎？」他說：「沒有。」我再問：「要是那位參與者在你開口告訴他之前，就過世了，怎麼辦？誰會因為這句未說出口的話感到遺憾？」他回答：「我。」最後，我告訴他：「一個才認識一天的陌生人，都會讓你產生未了結的遺憾，那你怎麼處理跟你相處了一輩子的家人、朋友給你留下的遺憾？」

未了結，因為做了或沒做

未了結的遺憾不只是重大事件才會產生，大大小小未傳達的情感，都會累積成這種遺憾。就我們的了解，**只有活著的人會傷心，而這樣的傷心只有活著的人自己能解決**。

為什麼會有「未了結」？或許是起因於我們的「做了什麼」或「不做什麼」，有時則不是人為可以控制的。以下這個傷心的故事，就不是人為可以控制的情境：

> 一個小男孩跑過前院，急著要趕搭校車，這時候，媽媽站在屋子前廊大叫：「提米，把你的衣服穿好、塞進褲子裡，不然被鄰居媽媽看到了多丟臉！」
>
> 沒想到幾個小時過後，警察敲這位母親的門，告訴她：「妳的兒子提米在學校發生意外過世了。」

這位母親除了要承受難以想像的痛苦之外，她希望跟兒子講的最後一句話，應該不是大聲叫他「把衣服穿好」吧？當然這不是說，如果她跟提米講的最後一句話有所不同，她的痛苦就會少一點；而是說，她一定很希望對兒子講的最後一句話，就是我說的「有所不同、表現得更好、做得更多的地方」。

然而，**我們幾乎不可能知道哪一句話，會是自己說出口的最後一句話**。我們往往會把真正想說的話擺一邊，想著日後再來談，我們認為這麼做很正常，因為這麼做不是表示就此擱下不管了，只是計畫日後再處理罷了。**但若是中間發生了死亡、離婚，導致再也見不到那個你「情緒擱置」的對象，這樣的暫緩通常就成為未了結情緒的成因**。

死亡和離婚很顯然造成了許多未了結情緒，那其他失落呢？通常，如果回顧一下跟某個在世的人一段難相處的關係（也許是父母、兄弟姊妹等），也會看到許多我們希望有所不同、表現得更好、做得更多的地方，往往也就是這些不斷累積的未傳達溝通，讓我們在這段關係中無法與對方好好相處。

有時候，未了結的情緒是他人引起或擴大的。有些人不允許我們對他們說有意義的話，在無法強迫他們聽我們講的情況下，我們通常會卡在這些未傳達的溝通中（這些溝通包含正面與負面）。有時候，我們害怕說些充滿情感的話，或者一直在等適當的時機或情境。有時適當時機永遠沒出現，或者我們忘了，或者忙別的事去了，然後那個人過世了，我們因此困在這些未說出口的情感溝通裡頭。

簡單來說，任何沒有說出口的話都可能變成未了結的情感。有時候，我們不知道自己說了什麼或做了什麼，這也會造成未了結的情感。有時候，我們不確定對方有沒有聽到我們說的話，或者對方的理解和我們的本意是否一致，這也會讓我們留下未了結的遺憾。

請注意：**若是你的情感上有未了結的部分，不代表你就不好，也不代表你有缺陷，只因為種種情境、你當時選擇做或不做，剝奪了你真正了結的機會。**

怎樣算是「未了結」？

上一章你畫出來的失落史圖，就是將你過去的傷心經驗一一列舉出來。看著自己的失落史圖，你可能會對圖上所列的人、事件、關係感到五味雜陳。想起某個失落時，你還是覺得傷心，這完全是人之常情。本章最後會詳細說明，告訴你如何使用失落史圖，找出哪些失落仍然使你情感未了結。

你的目標是挖掘出未了結的關係，「痛苦」和「難過」兩者都和傷心有關，以下是幾個可能用得上的線索：

一、如果不願去想、去談論某個已過世的人或其他失落，你可能就有未化解的傷心。

二、如果美好的回憶轉變成痛苦，你可能就有未化解的傷心。
三、如果只願意談論某段關係的正面部分，你可能就有未化解的傷心。
四、如果只想談論某段關係的負面部分，你可能有未化解的傷心。
五、如果你想到某段關係，感覺到的是恐懼，這裡頭可能也存在著未化解的傷心。

面對生命中每個轉折，我們都會有情感反應。大部分轉折小、不顯著，造成的不舒服也很小或甚至沒有；不過，有些轉折會持續影響我們的態度以及對人生的展望。**面對轉折時，如果情感越濃烈，就越有可能是未化解的**。

來參加協會的療癒講座、課程的人，有些是因為剛剛發生了失落事件，但是他們**在療癒過程中，通常會驚覺原來自己還有其他未了結的關係**。照著這本書來療癒的你，可能也會有同樣的發現。

挑出一個「最失落」，了結它

你已經做好準備，可以來找出心中最大的未了結的失落了，雖然很可能是死亡，不過別忘了，失落並不限於死亡，對大多數人來說，離婚意味著情感未了結，我們跟活人的關係（父母、兄弟姊妹、親戚、朋友）可能也有很多是未了結的。**挑選的最高準則：目前為止，哪個失落讓你最痛苦**。

一、拿出你的失落史圖，把你認為尚未了結的失落都圈出來。請誠實評估。**不管你圈出的失落有多少，也不管是多久以前發生的，都無所謂**。如果不確定圖上某個失落是否已經了結，也圈起來。

二、以時間和傷心程度來評估，對你自己誠實，想想哪些是未了結的、哪些仍然令你痛苦。請面對現實。如果你的孩子早夭，你們的關係可能為時不久，但鐵定非常強烈，因此，孩子的死可能就是你該挑選的首要失落。

三、你之所以開始閱讀這本書，可能是起因於某個失落，但這個失落很有可能到最後並不是你挑選出來要先解決的。要是如此也無妨。**但請不要因為恐懼、為了避開某個更痛苦的失落，而挑出一個比較不強烈的失落**。

四、你最失落的有可能並沒有出現在失落史圖上。請隨時提醒自己，**你最未化解的關係也許是跟某個還在世的人，而這個人並沒被你當成「失落」**。

五、挑選的過程不要花超過一小時，不然你會把自己搞亂。只要問問自己：「**目前來看，我生命中哪一個失落限制我最多？**」

六、**挑出一個。不管你挑哪一個，都不會是什麼大錯**，如果你生命中有好幾段未了結的關係，到最後反正都會處理到。

請注意，**父母是兩個人，不可以同時解決與他們的關係**，一次只能解決一個。現在，請你挑出一段最痛苦或是最無法化解的情緒。

這麼多年來，不斷有人問，必須先解決哪一個失落，這個問題最常出現於年幼時喪父或喪母的人身上（他們通常在出生到十歲之間喪父或喪母）。雖然爸爸或媽媽的過世對這些人的人生產生重大衝擊，他們還是會疑惑，這個失落是不是該第一個處理。

還有人問到死亡和離婚以外的失落，他們的問題通常和酗酒、精神疾病，或是與阿茲海默症等類似情況的處理有關。還有很多人問到該如何解決信仰、事業或健康的喪失。

本書的第四部詳述如何挑選首要失落，還有如何處理其他失落。就算你已經選定要解決的第一個失落，還是建議你先瀏覽一下第四部，再開始學習下一章會提到的關係圖。

第十一章 回想喜怒哀樂，回想未完成

要精確描繪出一段關係，如果有個明確的格式會比較有幫助。這些年來，我設計出一個非常簡單的流程，可以幫助你挖掘未化解的情感。

還是跟之前一樣，建議**你不要抄捷徑，只要按部就班使用這個格式，幾乎保證一定有效**。事實上，大部分問題之所以發生，都是因為有人想改變這個格式。

關係圖，找出真正的未了結

在失落史圖中，重點是失落，所以只列出傷心、痛苦、負面的生命事件；**關係圖是要完整、詳細回顧某一段關係，所以正面與負面的事件都要並陳**，你可以畫一條中心線，將正面或快樂的事件標在中心線的上方，負面或傷心的事件則標示在中心線的下方。

失落發生後，我們的腦袋會開始回顧，搜尋看看是否有從未說出口或未了結的情感。這樣的「回顧」在失落發生後不久就會展開，你或許會意識到，也或許不會。事實上，這樣的回顧會一直是斷斷續續的，但並沒有消失，直到這段失落做個了結為止。關係圖的目的是幫助你利用這種回顧來挖掘未了結的部分，好讓你可以做個了結。

了結，並不是要你遺忘

若要化解一段未了結的失落，必須將它做個結束。做個結束，不代表就是遺忘你摯愛的人，而是了結我們跟這段傷痛之間的關係，**我們了結的是失落發生時未結束的部分**。你唯一的障礙是，你擔心會遺忘你摯愛的人。然而，那種事不會發生。

每一段關係有三個層面：身體上、情緒上和精神上。

死亡會將身體關係結束，我們不能再像過去一般觸摸對方、跟對方講話。離婚（包括伴侶分手）也會大幅改變我們與配偶之間的身體關係，我們不會再用過去的方法來觸摸他們、與他們說話。

情緒關係是我們對另一個個體可能會產生的感覺，這些感覺不只有快樂或正面的；也會有痛苦、負面的情緒。死亡或離婚（分手）發生時，我們必須挖掘出所有未完結的情緒，做個結束。身體關係會終止或改變，但是情緒關係會一直保留在我們的記憶裡。

精神層面的關係比較難定義，每個人對於精神層面都有不同的看法。就我們的目的而言，精神層面就是除了身體、情緒以外的部分，是無形的，讓你感覺與別人有連結。精神上的連結也不會因為死亡或離婚分手而終止。

由於傷心是面對失落時正常且自然的情緒反應，所以這本書絕大部分都跟情緒有關。把未了結的情緒成功做個結束，可以讓人坦然面對身體關係終止所帶來的痛苦現實。

療癒會影響你的生命品質。把未化解的情緒做個了結，並不會跟你的宗教、哲學、精神方面的信仰有任何牴觸（你可能因為有信仰，認為上天堂後會與某人再相逢）。

回想真實的樣子，而非理想的樣子

第五章提過，傷心人往往容易創造出一個不實的想像（神化或妖魔化）。你是不可能跟一個聖人或魔鬼做個了斷的，唯有如實面對真相才能了結你的失落。這本書要你做的第一個承諾就是百分之百對自己誠實，而神化與妖魔化一段記憶，就不是你該做的。

我們和別人一談到剛失去的摯愛時，避免不了會一味的講已故摯愛好的一面、正面的事蹟。甚至會這麼說：「我應該在我還擁有他的時候，更珍視他的。他是個完美的丈夫。」長久的戀情或婚姻破裂之後，我們或許也會這麼說。**這種誇大、單方面的記憶，的確是心碎時正常的現象，因為我們常常不知道該如何傳達真相才好**。

對於已故者或已跟你離婚的人（包括伴侶徹底分手），不論你多麼割捨不下，他都不可能是完美的人，就如同你也不完美一樣。就算一段關係再怎麼愉快，都還是會有起有落。當你展開療癒行動時，你能處理的，只有你自己這部分。**如果你老是把已故摯愛想成你理想中的樣子，而不去想他們真實的樣子，你是不可能了結跟他們的關係的**。請誠實的回憶你的摯愛，真實的記憶會比你的幻想還要更強烈，日後你也會更珍惜。

真相帶你真正療癒

成功療癒有個前提：必須完全誠實面對自己與對方的關係。然而，身為凡人，幾乎不可能不對別人有個既定印象或意見。所以，我們對別人的觀感的確可能會限制療癒成效。若是對別人的「做」或「不做」吹毛求疵，通常會導致你對這段關係的評價失真。

這本書看似只在幫助人了結跟某個已離去「摯愛」的關係，但還有很多人之所以看這本書，是因為他們想排解某個「不是那麼親愛的關係」結束時所帶來的傷心，這些人可能是懷抱著滿腔的不滿或甚至憎恨，即使如此，這個療癒課程還是有效的。

我們會深入回顧一段關係，設法找出我們希望能有所不同、表現得更好、做得更多的地方，也找出未實現的希望、夢想和期待。找出你「早知道就該說或不要說的話」、「早知道就該做或不要做的事」，還有「早知道就要對方做的事或說的話」。

有些關係比較情深意切，也的確比較圓滿，不過我還沒碰過有誰完全沒有未傳達的情感。我倒是碰過有人害怕或不願意誠實看待自己未了結的部分，也碰過有人的錯誤觀念實在太多，導致他以為誠實說出內心話可能會傷害已故者。

再強調一次，本書一再要求你誠實說出真相，並不是要傷害或破壞你的記憶或關係。你所說出的任何真相，只有你和夥伴知道，而你的夥伴已經承諾不會說出你的祕密。

做了能做的一切，仍會有遺憾

有些人會問這樣的問題：長期照顧來日不多的摯愛，一天二十四小時不眠不休，跟他（她）無所不談，這樣還是會產生未了結的情緒嗎？

是的！為什麼？

1. 長期纏綿病榻的狀況下，病患和照料者滿腦子只想著治療、安慰、藥物。

2. 你跟病患當面講的話，和你跟其他人談論病患時講的話，不可能一模一樣。

3. 死亡本身會讓你極力回想過去，這時你回想的內容絕對不會跟摯愛仍在世時一模一樣。

如果你曾經長期照料生病的摯愛，事後你一定會回想，不管你當初自認為已經做了多麼充分的準備，不管你當初已經多麼坦然接受即將到來的結果，當死亡真的降臨時，你還是大受打擊。死亡代表一切都徹底結束了，沒有轉圜餘地，所以，**死亡會增進大腦搜尋未了結情緒的功能**。

離婚或愛侶分手也一樣會產生未了結的情緒嗎？可能會，也可能不會。離婚與分手是一段關係死亡，伴隨那段關係的種種希望、夢想、期待也跟著死亡。可能早在法律程序開始之前就會出現「一段關係已死」的感覺，有些人是去找律師辦離婚的路上開始出現這種感覺，有些人則一直要到離婚正式生效（伴侶搬走、再也不出現），才會有這種感覺。這種「一切都結束」的感覺一旦出現，大腦和心同樣會開始大力搜尋未了結的東西。不過，死亡是自動打出訊號，表示「結束」那段看得著、摸得到的關係；而離婚則是「改變」這段關係。

來不及實現的計畫，也是失落

死亡絕對不只帶來「單一」事件。除了肉體死亡之外，對未來的種種希望、夢想、期待也都死亡。離婚和其他關係破裂也是如此。

在美滿關係中，希望和夢想都繫於這段關係的持續以及日後可能的發展。很多伴侶期待退休，做了很多規畫，計畫去旅遊、追求共同嗜好和娛樂、還要一起做好多好多事，不過天不從人願，在能夠實現這些計畫之前，另一半卻過世了。其他許多美滿關係裡也有很多對未來的想像，但也會隨著死亡而消逝。

在不美滿的關係裡，必然會有某些「希望」存在，盼望有朝一日我們的關係會修補好，或是希望對方會為他過去對我們的傷害開口道歉。有些人從小生長在不健全的家庭裡，周遭盡是酗酒、暴力等讓人害怕的處境，長大成人以後，才了解自己喪失了享有正常、健康童年的機會。他們必然會傷心，也得將童年的痛苦做個了結，必須回頭去看看小時候的希望、夢想和期待。

有些人跟父母或兄弟姊妹的關係很糟糕，有時候他們能夠化解這樣的關係，重新和好，建立一段新的美好關係，這時他們就會開始自動對未來有一些該有的希望、夢想、期待。然而，突來的死亡常常打斷了這些重新萌芽的關係。「我好不容易終於重新找回爸爸，我們有好多好多事要做，但是他突然心臟病發過世了，我們都還來不及真正開始讓對方快樂。」你一定曾聽過有人這麼說。

請務必了解，**有很多未了結的情緒是埋藏在未來裡**。你往後會看到、聽到很多事，都會讓你想起，你曾經跟某個已故的人、已經不在你身邊的人曾有過的計畫。

你務必要現在就盡可能把這些了結，未來若出現這些會讓你想起過往計畫的事，你才不會傷心。

開始畫關係圖吧

接下來我們就來學怎麼畫關係圖。先來看約翰的範例。約翰第一段想要了結的關係，是他跟弟弟的。下頁圖11-1是他畫的關係圖，他與弟弟的關係有甜有苦，畫在中心線上方的線代表正面的事件；下方則是負面的事件。線的長短代表對他情緒影響的大小。以下是約翰的說明。

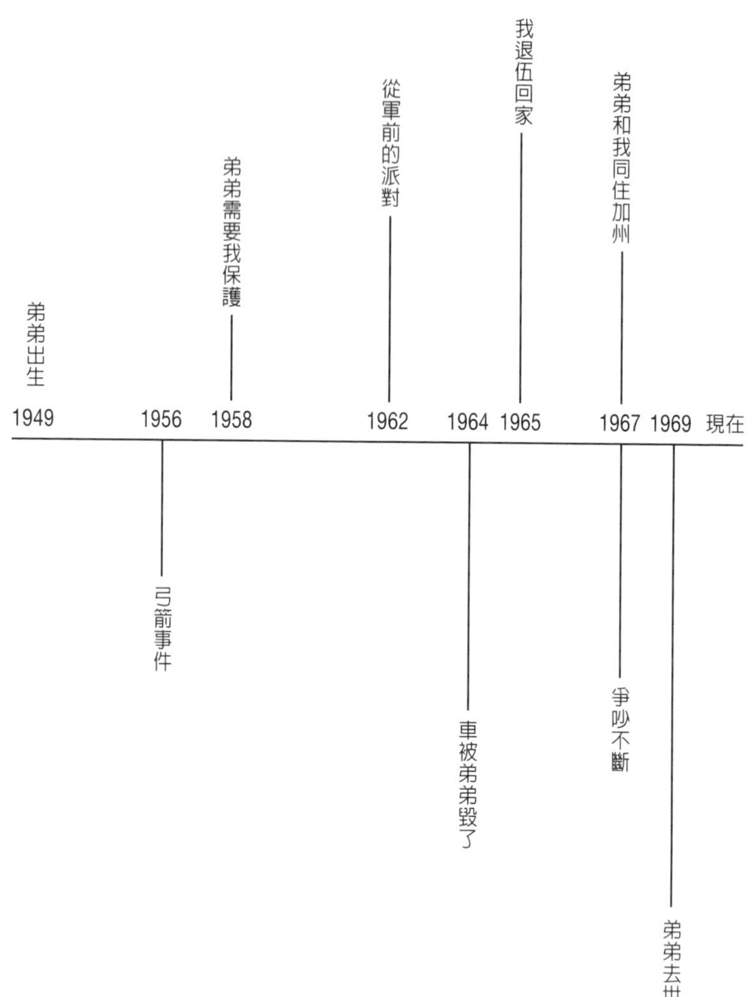

圖11-1 約翰與弟弟的關係圖

一九四九年：小我五歲的弟弟出生。（這件事我並沒有畫線標示在中心線上方、也沒有標示在下方，因為這是一個溝通不良的故事。）

我注意到媽媽懷孕了，她告訴我，懷孕代表我即將有個弟弟或妹妹，我聽了很高興。我已經有個哥哥，所以我以為，媽媽說的弟弟就是跟我差不多大的小孩，可以跟我一起玩。不過，弟弟出生後，我很震驚，他實在太小了，根本沒辦法跟我玩球。那是我對弟弟的最初記憶。

一九五六年：弟弟弄斷我的弓箭。

我很生氣，我告訴過他不要碰我的弓箭，但是他才七歲，很喜歡跟在我後面，兩個哥哥做什麼，他都要跟著。我凶他，把他弄哭了。

一九五八年：弟弟希望我安慰、保護他。

父母一直吵個不停，弟弟很害怕，他爬上我的床，想跟我一起睡。他覺得跟我在一起很安全，這點令我感到驕傲。

一九六二年：我從軍去。

哥哥和弟弟兩人為我舉行了一場送別派對，他們都對我說愛我，要我安全回來。我一直都知道他們愛我，但是親耳聽到他們這麼說，真棒。

一九六四年：弟弟撞壞我的車。

我人在軍中，千叮嚀、萬交代弟弟不准開我的車，但是十五歲的孩子往往把別人的話當作耳邊風。有一天，媽媽去上班，弟弟決定開車去兜風，竟然撞上電線杆，我的車就這麼毀了。

一九六五年：我退伍返家。

弟弟打開家裡大門時，我不敢相信他竟然長這麼大了，他已經比我高，是大人了，他令我感到驕傲。

一九六七年：弟弟跟我一起住在加州。（如果你有注意到，在關係圖上，我在這件事上下都畫了垂直線，代表有起有落。）

他常常三更半夜不回家，我警告他，他理都不理，那時我才了解為人父母是什麼感覺。他從不整理床鋪，車子沒油了也不加，電話帳單比天高，都是打給女朋友的。不過，我們一起到處玩，一起歡笑，共度快樂時光。我跟他不僅是兄弟，也是朋友。

這年，我們發生了有史以來最激烈的爭吵。他一直吵著要結婚，我認為還太早，我們常常為了這件事吵得很凶。最後他繼續在學校念書，我們的爭吵似乎沒事了，但是坦白說，我從來沒有花時間把這些糟糕的情緒整理一下。

一九六九年：弟弟過世。

我們最後的交談是講電話。他和朋友正在來加州的路上，計畫來找我。那幾個大男孩當時在拉斯維加斯，他們從沒去過那裡，想去見見世面。他們停下來休息，打算打個盹，於是打了電話給我。一如往常，弟弟又缺錢了，想要跟我「借一點」。我給他一家旅館的地址，跟他說我那裡有些朋友，他們會給他一些錢。說完「明天見」，我就掛上電話。

第二天，我始終沒等到他。那天下午，他過世了。當時我真希望跟他最後那段談話裡曾對他說「我愛你」，也希望以前幾次談話能更有感情、更誠實坦白一點。

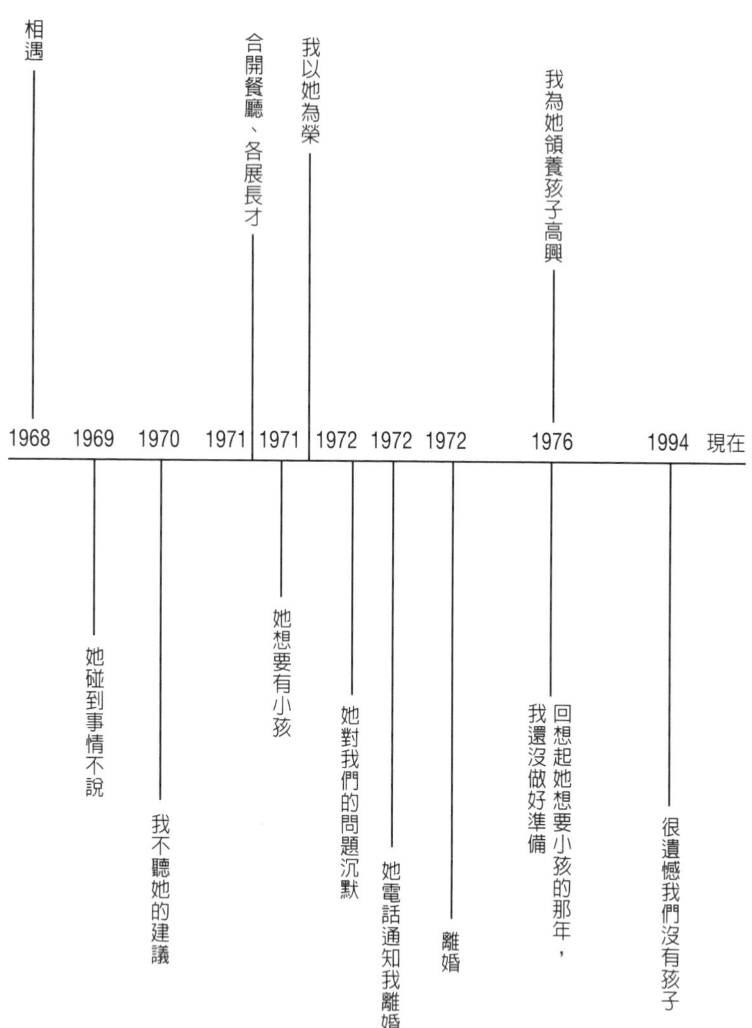

圖11-2　羅素與前妻的關係圖

約翰認識弟弟二十年了，也愛他二十年了，但是他第一次畫這張關係圖時，一開始寫下的事件並不多。等到他開始回憶越來越多事的時候，這些事乍看都很瑣碎，不過都會看到情緒在裡面，是**他希望自己能早點看出的情緒**。**這些未傳達的情感，就是他希望能有所不同、表現得更好、做得更多的地方**。

我們現在來看看右頁圖11-2羅素的關係圖，他最想解決的未了結，就是他與前妻的關係。以下是羅素的說明，粗體字標示的，就是他未傳達的情緒。

一九六八年：我們在某個週日相遇。

她的名字是薇薇安，我們在某個週二結婚。對我來說，她就是我命中注定的女人。我為她神魂顛倒，她非常漂亮，來自倫敦，很懂得人情世故。現在回頭看我才發現，雖然她當時年僅十九，她的英國腔和倫敦作風使她看起來比我成熟，我那時二十五歲。

一九六九年：我覺得她老是在生我的氣。

我並不是抱怨她生我的氣，而是她的溝通方式，或是說她根本就不想溝通，讓我很抓狂。她總是非常安靜，有問題的時候更安靜。**我必須原諒她不願意、沒有辦法把發生什麼事告訴我**。我常常覺得不知道到底發生了什麼，只能猜測到底是什麼事讓她不高興。真是叫人沮喪。

一九七〇年：我們該如何經營生意這點，我一意孤行。

我是個只會出一張嘴的人，有時甚至自以為是又專橫。她做過一切努力，卻撼動不了我這種注定成不了事的態度。她試過跟我講道理，卻大多被我打槍。

我知道在這種情況下做的決定，是日後生意上出麻煩的主因，但我完全沒想到，這也是導致我們後來離婚的原因。當我回頭誠實的看待這段關係，我才明白，我欠她一個道歉，我應該要為我的專橫和固執己見向她道歉。我不僅對我和生意最後的下場感到抱歉，**也對我一直沒有好好聆聽一個試圖想跟我溝通、幫助我的人，衷心感到抱歉**。

一九七一年：我們合開了一家餐廳。

我們是非常不同的人，個性不同，擅長的能力也不同，可說是完美組合。我是個親切的老闆，愛管閒事，她對料理和烘焙拿手，而且有源源不絕的非凡創意。**我從來沒有機會**

告訴她，我多麼欣賞她的能力、她對我們餐廳的生意何等重要。

一九七一年：她想生小孩。

撇開個性問題，我們兩人的看法和理念並沒有太大不同。對於我們要做什麼、未來有何展望，基本上我們常想得一樣，只有一件事例外：薇薇安想生小孩，這點對她似乎非常重要。但是，我的童年不是過得很快樂，奮鬥許多年，終於感覺些許自由，壓根兒還沒準備要有小孩。**我必須原諒她把小孩的問題當成要求離婚的理由之一，我也必須向她道歉，我沒有早一點了解自己在想什麼，並坦白的說出來。**

在我們短短四年的婚姻中，曾有非常多歡樂。我們算是鎮上的風雲人物，一起出席活動時總是很快樂。一直充滿幹勁忙碌做生意的我，忽略了要偶爾停下來，告訴她我內心重要的感受。雖然我們每天晚上一定會說「我愛你」，**但我並沒有告訴她，她對我非常重要、我很以她為榮、她在我心中非常棒。**

我經常滿腦子忙著處理餐廳日常雜務，沒注意到婚姻出了什麼問題。我已經說過，我欠她一個道歉，我應該為我的一意孤行向她道歉。如果看了我們的關係，然後結論是一切都是我造成的、都是我的錯才毀了這個婚姻，那就太不切實際。雖然我必須為我的自以為是、口頭強勢道歉，但**我也必須原諒她的默不作聲、不願意為捍衛自己的想法而戰——原諒她的放棄與退讓**。

一九七二年：她提出離婚。

我感到很疑惑。我過得無憂無慮，我們的生意很成功，而且對搞不清楚狀況的我來說，我自認我們的婚姻很幸福。但是，我隱隱約約知道我這段婚姻的確有些問題，而且不斷累積，有可能隨時爆發。

有一天，她打電話給我，說她想離開我，準備辦離婚手續。那通電話到現在還在我耳中嗡嗡作響，她根本就不想當面跟我說，而是透過電話。**那代表她拙於溝通，我必須原諒她採取打電話這種方式**。

對我來說，離婚實在來得太突然。我對剛離婚頭幾週去過的地方、說過的話，完全沒有記憶。關於離婚、感到失落這件事，我只知道：「我要為○○堅強起來。」

但是，當時除了我以外，沒有別人，我不知道該拿自己怎麼辦。我突然明白了，我對這段婚姻最大的抱怨是：「她有問題時，不肯開口對我說。」我還了解到，就算她肯開口說，我並不會聽她說。雖然我明白了這點，卻無能為力。**現在我已經知道，我必須原諒她**

不開口講，也必須向她道歉，我沒聽進她的話，但一切似乎都太晚了。

離婚結束了婚姻關係。雖然離婚結束了我們實質上（包括肉體）大部分的關係，但情緒和精神方面的關係仍然還在。離婚時，情緒和精神方面的劇烈改變通常更勝於死亡。在我與薇薇安離婚超過二十五年期間，又發生了幾件特別顯著的事，幫助我挖掘出我在這段關係中一些未了結的情緒。

一九七六年：薇薇安告訴我，她和新任丈夫領養了兩個男嬰。

她領養孩子沒多久後，就懷孕生下一個女寶寶。當時我的反應五味雜陳。我當然替她高興，我一直相信她會是個很棒的媽媽；但是，我知道自己受傷了。我回想起跟她在一起時曾有過的希望、夢想、期待。**我必須原諒她沒有等我做好生小孩的準備**。

（我和薇薇安的關係裡頭，還有最後一個重要的情緒。一九七四年，我認識珍，並跟她結了婚。我跟珍剛在一起的時候，她的女兒凱莉五歲。如今我已經當了好幾年凱莉的爸爸，因此我已經體驗了身為人父的種種感覺。凱莉帶給我的，全然是歡樂，我很珍愛與她的關係。）

一九九四年：我有位好朋友領養一個女嬰，替她取名為嘉璧麗。

大家喜歡叫她嘉比，她很快的擄走大家的心。我認識她時，她才七個月大，我立刻自願當她的叔叔，還裝了兒童安全座椅在我車裡。總之，這麼說一點兒都不誇張，從認識她第一天起我就心甘情願為她做牛做馬。一開始我很不解，不懂為何我會花這麼多心思在這小女嬰身上。

在一次療癒講座上，我談論嘉比的事，發現自己的眼眶裡充滿淚水，我明白了。我從來沒有與嬰兒互動的經驗，畢竟凱莉進入我的生命時已經五歲。雖然我只不過是嘉比的「叔叔」，但是我和嘉比一起做了更多從前我沒有機會做的事，我教她爬、騎馬、玩牌還有丟球。

我恍然大悟：原來我和薇薇安錯過了這麼多。我沒有機會跟她一起為人父母，我很傷心。由於我已經在心裡向她道歉，也原諒她了，未了結的部分就只剩下「跟她一起為人父母」。**我好難過，我們沒有共同生育小孩。**

第四份挑戰

畫出你想了結的關係圖

不管有沒有夥伴一起進行，都必須先選定一段關係。

接著，拿一張白紙，至少A4大小，把紙張橫放，從左到右畫一條穿越紙張中心點的直線。線的最左端代表這段關係的起始點。如果你畫的是父母（其中一人），左端的時間點大概就跟你這輩子開始有記憶的時間相差不多。如果是其他種關係，左端就是你初識對方的時間。

線的最右端是現在的時間，你可以立刻寫上去。如果你要畫的是死亡或離婚，就把死亡或離婚發生時的時間在中間找個點標示出來，請記住，關係並不會隨著死亡或離婚分手而終止，就如同約翰和羅素示範的關係圖一樣。

有些關係來得早、去得快

如果你想處理的是子女早夭造成的傷心（死胎、流產、人工流產、嬰兒猝死症），那麼開始有記憶的時間點會比大多數關係都早一點。

一般來說，女性得知自己懷孕時，她和胎兒之間的情緒關係就已經開始。女性第一次感覺到胎動的時候，情緒就不一樣了。接下來幾週，她會問丈夫說：「你感覺不到胎兒在動嗎？」丈夫把手放在她的肚子上，感覺不到什麼，一直到他終於摸到胎兒踢妻子肚子的微弱聲音，他的情緒關係也會開始。

在這個階段，實體的關係還處於想像階段，但情緒關係已經非常真實。舉例來說，約翰的妻子懷了兒子（一九七七年夭折），而且約翰首度感覺到胎動的時候，他的腦海就立刻湧現希望、夢想和期待：他要給小孩他自己成長過程中不曾擁有的東西。

我們在本書要做的，是將一段實際存在的關係做個了結；但是對於嬰兒早夭，必須了結的是一段原本應該存在、但永遠不會存在的關係。約翰的兒子夭折時，他記得他站在育嬰室外頭，心裡想著：「他永遠不會知道我要替他做的這些事了，他永遠不會知道我有多麼愛他了。」這就是他永遠不可能實現的希望和夢想。

所有父母都希望把自己成長過程中沒有得到、實現不了的東西給小孩，這個想法一旦成形，要是小孩早逝，父母該拿這些想法和情緒怎麼辦呢？這類問題更一定得做個了結。

想想這段關係的苦與甜

接下來，回到這條線的起點，盡己所能的重新架構出這段關係。你的目標是找出未傳達的溝通，所以請放任你的記憶四處漫遊，只要腦袋想起任何事，都寫下來，然後確定這些事件是正面（畫在中心線的上方），還是負面（畫在中心線的下方）。

你的思緒或許會跟著時間順序走，也可能不會。除了找出值得懷念的事情之外，誤解的事情也要找出來。不必寫得很整齊，也不要略過哪些事不寫，盡量回想，通通寫下來。誠實和徹底是一定要的。回頭看看羅素在他關係圖上寫的**感想，還有那些他後悔沒有傳達出去的溝通**。

千萬不要對過去發生的事妄下評斷，我們的目的是要挖出你在這些事情發生時的感受。一定要聚焦在某一段關係上，否則會轉移焦點到其他周遭關係。

建議你花一小時左右的時間，至少要回想起十件事，如果想不出來、卡住了，就回頭看看書裡的範例，可能會激起你的回憶。

為了確保真實且精確、避免神化或妖魔化對方，我們建議至少畫兩件事在中心線上方（正面）、兩件事在中心線的下方（負面）。

有些人可能很難從一段美滿的關係中想起任何負面的事；也有人正好相反，很難從一段不是那麼充滿愛的關係中找出正面事件。比方說，對於曾受家暴的孩子來說，很難想起與父母的關係有哪裡稱得上正面，也找不到正面價值。再說一次，誠實是上策。或許父母在很多方面一直是個施暴者，但他們很可能幫你付了房租、供你吃穿。回憶施暴父母的好，並不是要沖淡他們做的壞事，而是要忠實描繪這段關係、找出真相。每一段關係都有好有壞、有對有錯，也有甘有苦。

有些關係是混雜的，而且會隨著時間變化，可能會從好變成不好，然後再變回好。有個很典型的現象，小時候你跟父母的關係很好，到了叛逆的青春期，你們的關係降到冰點，你長大成年後，又回過頭和父母很要好。你一定要從頭到尾回顧整段關係，這會幫你找出在關係不和睦的階段，有哪些未充分溝通的地方。**千萬不要認為近來關係變好，就代表過去的問題和事件都已經了結。**

正面、負面，由你決定

請記得：只有你能當裁判，不要受別人的想法所影響。我們的講座上曾有個女性分享她的美好記憶：「小時候，爸爸帶我去酒館，讓我坐在一旁，他自己只顧著喝酒、跟哥兒們嬉鬧。」

可能有人看到這則記憶，會認為帶小女孩到酒館，簡直荒唐，根本是一種虐待行為。但是，別人其實沒有權利對你的記憶發表意見，只要你的記憶精確無誤就好。

正面的記憶可以是一起坐在門廊、一起去度假、夕陽西下時手牽著手，或是一起撫育小孩。新洋裝或新玩具、游泳課或是父母教的某件事，都可能裝滿美好的回憶，千萬不要因為覺得是細微末節的小事就不算在內，未了結的關係往往就是這些微小但沒傳達給對方的心意累積而成的。

不開心、負面的記憶可能就只是單純的意見不合、鬧翻了。小孩子對處罰的記憶通常強度都很深，尤其如果無辜受罰的話更是如此，這種不公平感通常一輩子都記憶深刻。跟正面記憶一樣，再小、再微不足道的負面記憶都算數。

以線的長短（中心線的上方或下方）來標示事件發生時你的感受程度。不管上方的線比較多，還是下方的線比較多，都無所謂，只求圖上所畫都是千真萬確。不要在乎別人會怎麼想、怎麼說。

現在輪到你動手了，請開始畫你的關係圖。

第五次聚會

分享你的關係圖

恭喜你完成你的關係圖！在這次聚會上，你和夥伴分享自己的關係圖。記得你的承諾：對自己百分之百誠實、不對別人說出夥伴的祕密、你是獨一無二的。同樣的，請找一個舒服的隱密空間聚會，就算嚎啕大哭也不會不自在的地方。手邊依然要準備面紙。

當然，要記得帶你的關係圖。

你該怎麼聽

1. 與夥伴相隔一個合理的距離，避免**好像正衝著對方的臉**或造成壓迫感。
2. 你可以適時大笑或哭泣，但是**什麼話都不要說**！
3. **不要觸碰你的夥伴**，觸碰通常會中斷情感的宣洩。
4. 請牢記，讓你的心學會聽，盡全力專注於當下，確實把夥伴的故事聽進去。

你該怎麼說

1. 開始敘述你的關係圖，**不是從最早的記憶開始，就是從你初識對方那一天開始**。如果關係圖畫的是跟爸爸或媽媽的關係，那麼起始點就是你這輩子最早的記憶，例如：「我出生於一九四三年，我對爸爸開始有記憶是一九四七年，當時我四歲，我記得他帶我去買奶昔，我吃了草莓口味，至今仍是我最愛的口味。」如果是跟配偶的關係，那起始點就是你們相遇那天，例如：「我第一次遇到我妻子，是在朋友的派對上，我永遠記得當時無法呼吸的感覺，我心想，她美呆了。」

2. 一路往下講的時候，出於直覺，你一定會把這段關係的很多小故事都講出來，**請小心不要離題，尤其不要把焦點轉到其他關係上**。請控制在半小時左右說完，時間超過一點沒關係，但不要超出太多，小心不要變成個人的獨白。把重點鎖定你畫的事件才是最有效的。

3. 如果情緒激動，講到哭了，還是要繼續說，**努力把話擠出來**，不要往肚裡吞。人很容易會把情緒哽在喉嚨，然後就不說。

4. 講完你的關係史之後，請夥伴給你一個擁抱（假如你可以接受擁抱的話）。擁抱就夠了，不要討論，因為討論可能會讓你們開始評斷、批評或評價。

稍做休息一下，然後由夥伴開始講述他的關係圖。結束前為下一次聚會做規畫。

一個人的療癒，該怎麼做？

由於你是一個人進行，建議你把約翰和羅素的關係圖當成你的夥伴來參考。請再看一次他們的關係圖，當作他們在說；然後再看看你的，當作他們在聽，然後找出你和他們相同與相異之處。

第十二章 寫一封沒有地址的信

拿出你畫的關係圖，裡頭代表你挖掘出的未了結情緒。為了傳達這些情緒、做個真正結束，你首先得把這些情緒分成以下三類：

道歉（apologies）。

原諒（forgiveness）。

重要情緒告白（significant emotional statements）。

這看起來或許很簡單，事實也的確是如此，**這三個類別就足以傳達任何未傳遞的情緒溝通**。

有時欠的只是一個對不起

自己做了某事，或沒做某事而傷害到別人，你必須道歉。也許是因為做了某事，你欠別人一個道歉（對不起，我從你的皮包拿走了錢）；也許是因為沒做某事，你欠別人一個道歉（對不起，我沒有去醫院看你）。還有可能是，你在離婚或死亡等失落發生前，沒來得及把某些正面情緒傳達出去（對不起，我沒有謝謝你送我那份禮物）。

在「道歉」這個類別，重點是你如何看待自己哪些事情「做」或「沒有做」。**如果你介意「做」或「沒有做」某件事，可能傷害了或冒犯了人，就寫下來**。千萬不要批判自己，我們的目的是要了結，不是要你進一步傷害自己。大致來說，你的道歉僅止於你自己、你和夥伴之間，不會有第三者得知。有時你會發現，某個道歉可以放心的當面傳達讓活著的人知道；不過有些道歉應該、也必須用間接的方式傳達。

老把自己想成受害者，很難走出來

有些人用自己的痛苦來建立一輩子的關係，讓自己看起來一直是受害者。這樣不好，

通常會變成一種局限生命、讓自己綁手綁腳的習慣，不知不覺中，就成了面對大多數處境時的慣性反應。

若是舉受到虐待的受害者來說，不論是誰，只要曾受虐就已經很慘了，如果是小孩子，不知如何自我保護，那就更糟了。

對這些「受害者」來說，要他們向別人說「對不起」很難。他們記憶中受虐的感覺，通常會讓他們的記憶圖像不夠精確和完整。儘管如此，受害者如果有不對的地方（例如咒罵或攻擊父母，或是沒有尋求庇護或離開），不管多小的差錯、有意或無意，還是有必要道歉。切記，只要沒有如實回憶起全盤真相，你就無法了結。

有時候，「自以為是」也可能讓你的歉意說不出口。自以為是，往往會讓你無法誠實面對自己，看清自己該為哪些「做了」（反擊）或「沒有做」（沒尋求庇護、或離開）的事道歉。如果你要了結的關係，對象是與一位你不那麼愛的人，這種情況更容易發生，你很容易卡在這個想法裡：「對方傷害了我。」

你會這麼認為沒錯，雖然對方傷害你是事實，但是你仍然必須為你對他們做過（或沒做）的事道歉。

原諒別人，解脫自己

所謂的原諒是：**不要再一味的希望能有個不同或更好的昨天。**

原諒是大家最不懂的概念之一。大多數人似乎認為「原諒」（forgive）就是「寬恕」（condone），根據《韋氏字典》（*Merriam-Webster's Tenth Collegiate Dictionary*）的定義，就可看出問題所在：

原諒：停止（對冒犯者）感到怨恨。

寬恕：將傷害化成小事、無害、不重要了。

如果認為這兩個字是同義字，原諒就成了不可能的事，因為我們顯然不可能把一件悲慘的事件看成「不重要的小事」。然而，如果採用韋氏字典所說的「停止怨恨」，方向就沒錯了。**只要對過去發生的事還懷有任何怨恨，就會限制我們完全投入、人生繼續走下去的能力，任何可以讓我們想起那個人或那件事的東西，都可能觸發那股未了結的痛苦情緒再現。**成功的療癒必須將那股痛苦做個了結，而不是繼續留著。

很多人對「原諒」一詞很抗拒，這樣的心理讓他們無法原諒。過去協會曾輔導一位女性，她甚至連「原諒」都說不出口，協會請她練習兩句話：

我體認到，你做了（沒做）〇〇這件事傷害了我，我不會再讓這些事傷害我。

我體認到，你做了（沒做）〇〇這件事傷害了我，我不會再讓我的記憶傷害我。

別人的行為傷害了我們，不管他們有意無意、甚至帶有惡意，如果我們持續怨恨，不但讓我們喪失原諒的能力，到頭來受傷害的仍然是我們自己，不是他們。如果加害者過世了，你持續不減的怨恨還能傷害到他嗎？當然不能！那麼能傷害你嗎？很不幸，可以。如同其他所有療癒要素一樣，**原諒是為了讓自己解脫，是為了找回自己的幸福感，與對方一點關係都沒有。**

原諒是行動，不憑感覺

除非把原諒轉化為行動，不然你感受不到原諒。很多人會說：「我無法原諒他，我感覺不到有這個必要。」對這些人，我們要這麼說：「你當然感覺不到，你沒做的事，怎麼感覺得到呢？」唯有實際透過言語把原諒說出口，才會有原諒的感覺。先有行動，才會有感覺。**原諒是放下你對某人的怨恨**。可能是原諒他們做了某件事（我原諒你毀了我的生日派對），也可能是原諒他們沒做某件事（我原諒你沒來參加我的畢業典禮）。

我還聽過一種奇怪的說法：「我可以原諒，但我無法遺忘。」這句話是將兩個不直接相關的想法混為一談。如果要一個被毒打很多年的人忘掉這個事實，怎麼可能？「我可以原諒，但我無法遺忘」隱含的意思是：因為我無法遺忘，所以我不會原諒。但是問問你自己，繼續住在牢籠裡的人是誰？是誰繼續怨恨，關閉自己的頭腦、身體和心靈？是誰因為缺一個原諒，而讓自己的生命受到阻礙？

常常有人會問，如果要被原諒的人還活著，當面去原諒他，這樣做恰當嗎？我的回答是：不！不！不！不請自來的原諒告白，幾乎肯定被認為是一種攻擊。在你進行療癒的過程當中，**被原諒的人一定得毫不知情才可以**。記住，不要直接、當面去原諒某人。

還有一點：很多人會請求別人原諒自己。我認為這也是非常不正確的溝通方式。**當你請求他人原諒時，其實是你在操縱、要求別人做一件其實是你該做的事**。怎麼說呢？

如果你要求一個已過世的人原諒你，你等於是在要求那個人採取行動。撇開精神層面的信仰不談，該採取行動的人應該是你，而不是要求別人來代你做。如果你請求他人原諒，最主要的目的是你想為自己說過、做過的事道歉。不要光只是想，直接去做。**你要做的不是要求別人原諒，而是去道歉。**

情緒告白，重要又必要

如果不算是道歉、也不算是原諒，那麼你其他未傳達的情緒，一律都可歸類為重要情緒告白。以下是幾個例子：

我愛你。

我恨你。

我非常以你為榮。

我非常以你為恥。

謝謝你為我做的犧牲。

我很感激你陪伴我的那段時光。

這個類別既簡單又深刻，可以幫助你表達一直以來造成你未了結、未傳遞的話語。每一句告白或許看起來無關緊要，但就是這些未說出口的情緒不斷累積，才造成你有未了結的感覺。

書裡已經出現好多次「如果能有所不同、表現得更好、做得更多」，接下來再做個說明。遭逢親人離世或自己的婚姻出狀況時，幾乎都會發現，我們都有一些希望自己說過、做過的事，或是最好沒說過、沒做過的事。相同的，我們也會回想起希望對方說過或做過、或是沒說過或沒做過的事。這些未傳達的溝通都算是「重要情緒告白」。

一旦因為死亡、離婚、分手等因素而造成關係終止或改變，每個人幾乎一定都會有希望、夢想、期待破碎的感覺，伴隨這些感覺而來的，就是重要情緒告白。

失落奪走了我們的溝通機會，讓我們無法傳達一些想法和感受。現在，就好好把這些想法和感受寫下來。

如果要告白的對象仍在世，絕對不適合當面對他傳達負面的情緒告白，任何負面的話都會被認為是攻擊。

到此，你的關係圖才算是真正大功告成了，恭喜！

第五份挑戰

整理你的三種情緒

現在再回到你的關係圖，你這次的挑戰要將關係圖的事件分成道歉、原諒、重要情緒告白三種情緒。拿一張白紙，分成三部分如下：

道歉：

原諒：

重要情緒告白：

現在拿出你的關係圖，一一檢視每個事件，然後依照上面三個分類歸類。一般來說，畫在中心線上方的事件通常屬於道歉、重要情緒告白；畫在中心線下方的事件則多屬原諒、重要情緒告白。有些事件可以歸在兩個類別裡，負面事件尤其如此。舉例來說：「爸爸，謝謝你帶我去打球」（重要情緒告白），但是「你說我是所有人當中打得最爛的，我原諒你」（原諒）。

關係圖上每一事件至少都能歸入一個療癒類別，你接著寫一句要說的話。不必去想重複這件事，也不要擔心你對好幾個事件都用了同一句話，稍後會有調整的機會。想到什麼，全部寫下來。

第六次聚會

說出你的情緒

這次聚會上，你要分享你列出的三種情緒、你要怎麼說療癒話語。記得你的承諾：對自己百分之百誠實、不說夥伴的祕密、你是獨一無二的。同樣的，請找一個舒服的隱密空間聚會，就算嚎啕大哭也不會不自在的地方。手邊記得準備面紙。

務必記得帶你的關係圖，還有你列出的三種情緒（道歉、原諒、重要情緒告白）。

你該怎麼聽

1. 與夥伴相隔一個適當的距離，**避免好像正衝著對方的臉**或讓他有壓迫感。
2. 你可以適時大笑或哭泣，但是**什麼話都不要說！**
3. **不要觸碰你的夥伴**，觸碰通常會中斷情感的宣洩。
4. 請牢記，讓你的心學會聆聽，盡全力專注於當下，確實把夥伴的故事聽進去。

你該怎麼說

1. 念出你寫的道歉、原諒、重要情緒告白。沒有方式是完美的，但有個方法最有效。從道歉這一類開始念：「我必須向爸爸道歉，因為以前我會從他的口袋拿錢。」或：「我欠我媽媽一句道歉，因為我晚歸的時候，會想些理由騙她。」透過這個練習，我們知道**實際說出療癒話語，很有必要**（這也是最後一項挑戰）。
2. 在「原諒」這個類別的做法類似，例如「我必須原諒我爸爸……」。「重要情緒告白」也是，例如「我必須告訴我爸爸……」。

3. 如果說到傷心處哭了，還是要繼續講，**努力把話擠出來**，不要往肚裡吞。人很容易會把情緒哽在喉嚨，然後就不說。

4. 念完之後，請夥伴給你一個擁抱（如果擁抱對你無妨的話）。你們應該避免談論剛剛念的內容，避免讓聚會變成評斷、批評，這樣**太過理智，反而不好**。

稍做休息，如果夥伴還沒念他的內容，接著換他念。聚會結束前，規畫下一次（也是最後一次）的聚會。

一個人的療癒，該怎麼做？

由於你一個人療癒，約翰和羅素就是你的夥伴。請再看一次他們的關係圖，然後再看看你的，找出你們未傳達的溝通有哪些相似、有哪些和你不一樣。

你的關係圖有要再補充的嗎？你可能又想起某些事件的回憶。務必要十分徹底。

「了結失落」該寫的一封信

完成本書建議你的每項行動之後，可以說你已經做好準備了結失落了。因為你要處理的失落已經發生了，你或許對這失落造成的痛苦已經習以為常，但接下來的步驟，讓你真正了結這段關係中與對方未了結的情緒、結束痛苦。

朋友或專業人士會建議傷心人寫「道別信」給已故者。請注意，錯誤訊息是療癒最大的絆腳石，道別信如果寫得不妥，又會變成另一個錯誤訊息。道別信這個概念的起源已經不可考，但過去半個世紀以來，道別信已經偏離了「做個了結」這個首要動機，通常只淪為念誦一些事件與情緒，等於是報告近況消息的信件。寫過道別信的人都說，這是一種獲得短期紓解的方式，但是無法得到長期的效用。我曾跟一些寫過道別信、但沒試過本書方法的人聊過，發現他們並沒有成功了結。

因此，如果你想要成功了結，得把你一路跟著本書的行動寫成一封「療癒完成信」，而不是「道別信」。

第六份（最後一份）挑戰

寫療癒完成信

療癒完成信會幫助你了結一段至今仍未了結的關係，這封信會讓你留下這段關係的美好、所有正面的記憶，同時也讓你繼續保留自己對天堂或是其他心靈上的信仰。

現在，你可以向未了結的部分說再見。你可以向這段關係帶來的任何痛苦說再見，包括任何未實現的希望、夢想、期待。你也可以向得不到、給不了這些不符期待說再見。最重要的是，要記得，說再見代表了這段溝通就此結束，但是這段關係還是存在。

終於到了寫療癒完成信的時候。為了不讓你的這封信以失敗告終，先不要隨便告訴別人你在寫信這件事，因為不是每個人都讀過這本書、完成你做過的挑戰。以下說明會告訴你你該怎麼說、該怎麼進行，請留意這些說明。

這封信最好獨自一人寫，而且要有一段完整的時間。寫這封信可能是情緒上很痛苦的經驗，你很容易想逃之夭夭。你已經證明你是個有勇氣的人，現在就鼓起你的勇氣來寫這封信。很多人早就已經知道自己有哪些情緒未了結，他們只是不知道該怎麼做。

兩、三頁已足夠

至少要撥出一小時的時間。最有效的方法是：把你的關係圖以及你所列的道歉、原諒、重要情緒告白放在面前，把這兩張紙從頭到尾看一遍，然後開始寫信。這兩張紙可能有很多重複之處，沒有必要一再重複同樣的療癒溝通，利用這封信盡可能統合成最簡明的話語。這封信應該把重點放在那三類情緒的療癒上。

你要寫多少並沒有限制，不過，寫得太長，會影響你真正想要表達的情緒。這是讓你把最重要、未說出口的事情說出來的大好機會，通常一般大小的頁面寫個兩到三頁已經足夠，多一點或少一點都無妨。如果寫超過五頁，大概就得想想，這封信是不是成了流水帳，還是重複了太多同樣的事情。

寫這封信的時候，你可能會有情緒波動，也可能沒有。不要在意，每個傷心人都是不同的，都是獨一無二的。

以下是信的格式。

以你最熟悉的名字或稱謂來稱呼對方，例如：

親愛的爸爸：

我回想過我們之間的關係，發現有些事想告訴你。

爸，對不起，我……

爸，對不起，我……

爸，對不起，我……

（如果你所列的未了結溝通超過三個，請分類。）

爸，我原諒你……

爸，我原諒你……

爸，我原諒你……

（如果你所列的未了結溝通超過三個，請分類。）

爸，我希望你知道……（重要情緒告白）

爸，我希望你知道……（重要情緒告白）

爸，我希望你知道……（重要情緒告白）

（如果你所列的未了結溝通超過三個，請分類。）

用「再見」收尾

療癒就快要結束了。為了了結你所發現的情緒，你的信必須有效的收尾。

跟朋友講電話時，你會用「再見」來做個總結，代表對話結束；而我們用「再見」來替療癒完成信做個總結，是代表這段溝通結束。

對絕大多數傷心人來說，最有效且精確的結尾很簡單，就是：「我愛你，我想你。爸，再見。」（爸爸健在，一樣可以寫這樣的療癒完成信。）

不過，可能有些人很難把「我愛你」、「我想你」說出口，如果說這些話對你來說與事實不符，那就不要說，另外一種有效的替代說法是：「我現在得停筆了，同時我得放下這些心底的痛。再見，爸。」

你可以依照自己那段關係的特殊性來寫自己想要的結尾，但是務必要寫下「爸，再見」。如果這句「再見」沒有說出口，有可能讓你前功盡棄。就是這句「再見」完結了這段溝通，不要用其他字眼來替代，沒說再見，會讓這段溝通懸而未決，可能繼續留下未了結的遺憾。

療癒完成信長什麼樣子？

為了幫助你有個清楚的概念，知道該如何寫療癒完成信，以下是根據前面所畫的關係圖寫療癒完成信的範例。這些範例只是讓你參考，簡略的告訴你療癒信長什麼樣子，原信的內容比較長。

以下是約翰寫的療癒完成信節錄，寫給逝於一九六九年的弟弟。

親愛的丹尼斯：

我回顧了我們的關係，發現有些事想告訴你。

丹尼斯，對不起，你弄斷我的弓箭時我對你那麼凶。

丹尼斯，對不起，你跟我一起住在加州那一年，我像個教官一樣對你很嚴厲。

丹尼斯，對不起，你想結婚時，我跟你大吵一架。

丹尼斯，我原諒你撞壞我的車。

丹尼斯，我原諒你跟我一起住在加州時的種種行為，例如不整理房間、不替車子加油、講電話講出一堆電話帳單。

丹尼斯，我想告訴你，我很感謝你和哥替我辦的從軍送別宴。我想告訴你，你告訴我你愛我的時候，對我真的意義重大。謝謝你。

丹尼斯，我想告訴你，我非常以你為榮。

丹尼斯，如果早知道這輩子再也不能跟你講話，我一定會把所有想說的話都說給你聽。我想告訴你，我好愛你；我想告訴你，你隨手拿起吉他就能把聽過的歌曲彈奏出來，這項不可思議的才能令我驕傲又嫉妒；我想告訴你，我以你的運動才能為榮，你好會撐竿跳。

丹尼斯，我想告訴你，自從知道往後的生命不再有你，我一直傷心至極，我多麼希望能親眼看看你的事業、你組的家庭，我好難過你不能當我孩子的叔叔。

丹尼斯，我愛你，我想你。

再見，丹尼斯。

以下是羅素寫給分手前妻薇薇安的療癒完成信節錄：

親愛的小薇：

我回顧了我們這段關係，發現有些事想告訴妳。

小薇，對不起，我太一意孤行。

小薇，對不起，我沒有好好聽妳講話，沒有把妳試圖跟我講的話聽進去。

小薇，對不起，我從來沒告訴過妳，我非常讚賞妳的能力，妳的創意讓我們的生意賺錢。謝謝妳。

小薇，我原諒妳沒有告訴我妳到底怎麼了。

小薇，我原諒妳無法理解我還沒準備好生小孩，也原諒妳沒等我做好準備。

小薇，我原諒妳用這種方式結束這段關係。

小薇，我想告訴妳，跟妳一起出現在別人面前令我很驕傲。

小薇，我想告訴妳，我相信妳一定會是一個很棒的媽媽，我不時感到難過，我沒有和妳一起為人父母。

小薇，我得停筆了。再見，小薇。

療癒完成信千萬別傳閱

療癒完成信的傳達，是一件私人、祕密的事。前面提過，原諒和負面情緒告白絕對不可以當面向活著的人說。之所以公開了羅素寫給薇薇安的療癒完成信，完全是為了說明該怎麼寫這樣的信。療癒完成信只能念給跟你一起療傷的夥伴聽，其他人一律不可以。

第七次（最後一次）聚會

找人聽你念信

一開始要提醒你，記得你的承諾：對自己百分之百誠實、不說夥伴的祕密、你是獨一無二的。同樣的，請找一個舒服的隱密空間聚會，就是嚎啕大哭也無所謂的地方。手邊還是要準備面紙。

如果要溝通未傳達的情緒，一定要透過嘴巴說出口，也要有一個「活人」聽到，才能算是已經了結的溝通。有些人跑來參加講座，原因就是他們按部就班完成本書列出的行動，但沒有把療癒完成信念給某個「活人」聽，因此還是感覺那段關係未了結。另外有些人則是跑到墓地去念療癒完成信，但現場還是沒有活著的人聽到。

人的腦袋是獨一無二的，還有點固執，不管精神信仰或宗教信仰為何，我們內在潛意識裡需要有個活生生的旁觀者，來見證溝通已經了結。這不是要訴諸理智或搞神祕，純粹只是因為實務經驗告訴筆者，這樣有效、那樣無效。

你該怎麼聽

1. 首先必須想像：你的心正在聽別人說話。**你的職責是聆聽，只有聆聽**。你可以適度哭泣或笑，但絕對不可以說話。你的一舉一動都不可以有任何評斷、批評或分析的暗示在裡頭。
2. 距離念信者至少幾呎遠，不要正對著他的臉，以免讓他害怕、不舒服。身體放鬆。你是他的朋友，正在聆聽一個重要溝通。
3. 念信的過程中，完全不要碰觸念信者，在這個關頭，觸摸通常會打斷情感的宣洩，我們希望念信者是帶著情緒的。念信者手上一定要有面紙。
4. 聆聽夥伴念信時，你極有可能會受到影響，這時讓情感自然流露沒關係，不過千萬別忘了你不是當事人，還是得稍微控制一下自己的情緒。不過，如果你熱淚盈眶，不要隨便擦眼淚，這項舉動會傳遞出「眼淚是不好的」的訊息。

5. 對念信者來說，你人在現場是很重要的。為了你的夥伴好，你一定要全神貫注、全心全意仔細聆聽。

6. 夥伴一念完「再見」，立刻給他一個擁抱。你會有一種感覺：這個擁抱應該持續多久比較好？抱久一點沒關係，不要急著放開，念這封信是極度痛苦（也是即將解除痛苦）的最高潮。

7. 別忘了，不要分析、評斷、批評。開口談論不見得是好的，談話往往會流於分析、評斷，太過理性了。

你該怎麼念信

1. 挑選一個可以讓你百分之百感到安心的地方，避開公共場所。

2. 帶一盒面紙。念信的時候，你極有可能會出現一些強烈的情緒。把面紙放在你伸手可及的地方。

3. 開始念信之前，先閉上雙眼。雖然你已經有個聆聽者來幫你，但你的目的是把信念給你要寫給的對象。如果你可以，**試著在心裡想像那個人的身影**。

4. 張開眼睛，開始念信。念信過程中，你可能會出現一些情緒反應，也可能不會，不管有沒有都無妨。如果你開始哽咽，哭泣時仍要努力繼續念。你的字裡行間有很多情緒在裡面，要盡量擠出這些字，從嘴巴吐出來，不要把字跟情緒吞下肚。

5. 接近尾聲時，就快要念到再見那個句子時，閉上雙眼，再次想想那個人的身影，然後把最後幾個字講出來。這時可能會迸發很多淚水，但還是務必要把最後這幾個字說出來，尤其是那一句「再見」。

6. **別忘了，你是在跟痛苦說再見，你是在跟任何未了結的事說再見，你並不是在跟美好回憶說再見，也不是在跟你的精神信仰說再見。**跟未了結的情緒說再見，跟痛苦、孤立、疑惑說再見，跟你過去曾經有但現在已經結束或改變的肉體關係說再見。說完再見之後就盡情哭泣、發洩，要是不哭也無所謂。最重要的是，你一定得說再見，不然你大概還會繼續處於未了結狀態。

7. 一結束，向聆聽者要個擁抱。你可能會希望且需要這個擁抱久一點，想抱多久就抱多久，別縮短。你可能會啜泣好一會兒，不要在意，你大概已經守著這份痛苦好久、好久了，不要急著抽離你當下的情緒。

一個人的療癒，該怎麼做？

如果你一直是一個人療癒，鼓勵你**去找個可以讓你「安心」的人來幫你，一個願意聆聽你的信的人**。這個人可以是朋友、家人、心理治療師、神職人員，只要你可以向她或他解釋一些簡單的準則就可以。

找到聆聽的人之後，把這一章有關聆聽者該怎麼做的說明拿給他看，然後問問他願不願意或能不能確實遵守。同時也要請他承諾絕對保密。

有些人就是找不到可以讓他們安心的人。為了不讓問題複雜化，我不會一直要你去做你做不到或沒辦法做的事。如果你到最後還是堅持一個人念信，那就這樣吧。你可以對著某個紀念物、照片念信，或是在墓地念，這都管用。有個比較好的方法是：對著錄音機念信。不要把這封信銷毀，也許將來有一天你會找到某人，你可以安心的念信給他聽。

好好處理當下的情緒

做了以上所有動作，也念了自己寫的療癒完成信之後，你就百分之百了結了。了結意味著，你已經找出這段關係種種你能想到的未了結情緒，也傳達出去了。了結，並不代表你以後永遠不會再傷心，也不代表你永遠不會再快樂。了結可以讓你重拾人類所有情緒。**了結意味著，你不必一而再、再而三的重複同樣的事**。

你每天的生活會出現許多人事物，讓你想起某個已故的人，或是某個跟你緣盡情了的人。你每一刻的思緒和感覺都會帶有情緒，也許是快樂、美好、歡樂的，也許是負面、難過、不舒服的。這很正常，不要抗拒，順其自然就好。如果不刻意抗拒負面情緒，負面情緒就會過去，但如果試圖隱藏或掩飾這些情緒，可能只有讓你很痛苦。

建議你好好處理當下任何情緒。但這是什麼意思？又該如何做呢？

想像你和朋友在海洋世界、站在一個超大玻璃水族缸前面，你們看著魚游來游去。每一條魚游過去的時候，你都會做個反應。

一開始，一條美得叫人咋舌的藍色魚游過去，牠的魚鰭就像絲一般，輕柔的左右擺動，你轉頭跟朋友說：「哇！你這輩子有看過這麼美麗的東西嗎？」

話還沒說完，一條巨大的鯊魚游進你的眼簾，鋸齒狀的牙齒在水中一閃一閃。出於本能，你揪著一顆心、後退一步，彷彿這條鯊魚真的會撞到你，你跟朋友說：「嚇死人了！我的心跳得好快，好像在打鼓。」

就在這時候，一群很小的銀魚游過來，每一條差不多只有小指大而已，牠們成群游過去，看起來好像至少有上千條，整齊劃一的扭轉、轉彎，彷彿有個人在指揮，你被迷住了，然後開口說：「牠們怎麼知道該如何游同一個方向？牠們怎麼不會撞在一起？」

你剛剛已經處理了三個當下、每一刻出現的感受。你先震懾於那條藍色魚的美麗；然後，你被那條鯊魚打亂了，鯊魚帶來的毀滅印象嚇到你了；最後，你對那群魚整齊劃一的動作感到疑惑，又嘖嘖稱奇。

在上述三個情境，你有三種感受，你用言語描述出來，接著再換到下一個感受。在魚缸這個比喻裡，魚的游動，讓你從一種情緒轉移到另一種。有時候在現實生活中，我們會卡在某一種情緒裡，或是一再回到以前曾有過的情緒裡。如果你意識到自己陷入過去的情緒裡，這時就要**提醒自己得像看那些魚游動一樣，忘掉前面的情緒，回應下一個即將到來的情緒**。

坦然接受，才能從痛苦畫面掙脫

摯愛死亡，是最痛苦的一種經歷。

或許你親眼看到事發經過或事後慘狀，或許你看過現場照片，或許你只是全憑想像，無論如何，對很多人來說，這幅畫面似乎一再出現，好像永遠不會消失。你或許也有同樣令你心神不寧的畫面，可能是摯愛臨終前在病榻受苦的那幾個小時、幾天、幾個月，有些疾病的殺傷力很大，常常搞得病人面目全非，讓你幾乎認不出你認識了一輩子、自以為熟悉的人。

你的朋友大多會告訴你，不要再去想這些了，但你知道，辦不到。比較好的方法是坦然接受這些畫面、圖像的確是可怕又痛苦的，但是必須提醒你，還有其他數千幅畫面。

畢竟，死亡不見得總是安祥溫和的逝去，常常令人目不忍睹。我曾聽一位女性訴說她在醫院看到丈夫的最後一面，因為實在太鉅細靡遺了，我只能回應：「對妳來說，真的是恐怖的最後畫面。」再問她：「妳還記得你們第一次相遇，妳先生是什麼樣子嗎？」她說記得，於是開始描述她記得的樣子。

我們腦袋中都存有數千幅摯愛的身影，有些是美好、快樂的；有些是負面、難過的，最後的影像有時令人痛苦（例如離婚、疾病改變了對方的容貌）。一味的叫人不要想起這些親眼見過或自己想像的痛苦畫面，並不切實際，**唯有坦然接受這些不愉快的畫面帶來的不快，才能憶起其他所有畫面**。每當最終的畫面浮上腦海時，一定要坦然接受。

坦然接受，並不是否定或小看那些痛苦的畫面，而是說，如果容許、鼓勵傷心人將自己曾有過的種種感受都說出來，痛苦的畫面會較快平息，就能**騰出更多空間，可以好好回顧整段關係，而不是一再停留、身陷最後那幾幅畫面不得脫身。**

發現新的未了結情緒，立刻了結

你在解決一段未了結情緒時，要是發現還有別的情緒未了結，該怎麼辦？看看以下約翰常舉的故事。

約翰的兒子柯爾八歲，喜歡跟好朋友在前院打棒球，約翰教這些孩子們打球時要朝橫的方向打，與房子呈垂直角度。這麼做，即使球漏接，也不會打破窗戶。

一切都平安無事，一直到一個晴朗的日子，這些小孩忘了約翰的叮嚀。柯爾丟出一球，鄰居的窗戶立刻被砸得粉碎。

一回到家，約翰要柯爾一五一十告訴他到底怎麼一回事，柯爾盡八歲小孩的努力解釋，為什麼那顆球剛好打破窗戶？叭叭的汽車喇叭聲、狂吠不停的狗、閃爍刺眼的陽光……再加上柯爾和朋友站錯位置，忘了不要朝向屋子扔球。

故事說到一半，約翰就發現自己沒有在聽，腦中想的是怎麼處罰柯爾。他嚇了一跳，驚覺自己怎麼會有這樣的想法，於是要柯爾到外面玩一下。約翰抬頭望天問道：「神啊！我怎麼會要求我深愛的兒子說實話，卻又要處罰他呢？」突然，約翰找到了答案：他爸爸的身影立刻浮上他的腦海。

約翰了解自己剛剛發現了另一個未了結的情緒，是跟父親有關。他拿出紙筆寫下另一封**追加的附註信**：

爸，我剛剛在聽我兒子講話（我對他的愛已經無法用言語形容），他是你無緣親眼見到的孫子。

他老實向我解釋為什麼球會打破窗戶，我沒在聽，只想著要怎麼處罰他。但是我覺得不太對，做了一些反省，突然想起我在他這個年紀的時候，已經很久都不跟你說實話了，因為每次我跟你說實話，你都處罰我，我很痛、心也受了傷。

爸，我不希望我兒子把說實話跟處罰畫上等號，我必須打破你無形中在我身上建立的這種循環。我必須原諒你每次在我說了實話之後還處罰我；我必須原諒你，然後我才能獲得解脫，可以用不同的方法來對待我兒子；我必須原諒你，然後我才能完全自由，可以說實話、活在實話的世界裡，並且鼓勵我兒子也這麼做。

我得停筆了。我愛你。再見，爸。

寫完這封給父親的附註信之後，約翰才覺得解脫，也才能夠跟柯爾談談他的行為會產生哪些後果。他讓柯爾向鄰居道歉，還想出方案，讓柯爾和朋友可以賺點錢來賠那扇窗戶。而不是在柯爾願意坦白後，還重重責打他。

隔天早上，約翰對著羅素念出這封寫給父親的信，羅素擁抱他。這件事完全了結。

藉由念給一個「活人」聽，約翰了結了這段溝通。每一個新發現的未了結情緒都必須了結，並且透過言語說出來，才能騰出空間給下一個湧上來的情緒。

現在你已經至少畫了一份關係圖、寫了一封療癒完成信，接下來就可以把這些方式應用到其他失落上。

第十三章 生活也得丟掉一些、留著一些

完成了結的行動之後，還有別的工作要做。

製作失落史圖的過程中，你可能會發現，你有好幾段未了結的關係必須解決。建議你馬上開始。我們為你設定的目標是：把過去所有失落經驗一一了結，你就可以獲得情緒上的自由。

把你認為還沒了結的各段關係都列出來，大多數人可以找出三到四段關係。切記，只要沒有了結，就會影響到你跟其他人之間的關係。你可以繼續一個人療癒，或是跟原來的夥伴一起做下去。

第二次的過程會快很多，因為你不必再做失落史圖，可以直接從關係圖開始。千萬不要忘了要重申三個承諾：對自己百分之百誠實、不洩漏夥伴的祕密、你是獨一無二的。

了結了其他未化解的關係之後，就該重新好好過日子。這些療癒傷心的原則與方法現

在已經是你的新工具，可以幫你治癒失落、失望等痛苦的人生經驗，請好好練習，熟練到成為你的習慣。

徹底大掃除

了結你的關係之後，你會有全新的角度，因為打從內心有了轉變，你眼中所見的事物也就跟著有了轉變，這是很自然的轉變。

內在改變了，就輪到外在的事物，你會想調整周遭環境來反映你現在新的心境。第一步是處理那些會讓你想起傷心事的物品。第五章提過，有的傷心人會保留已故者所有物品，我們稱之為神化，那時之所以會保留這些東西，就是因為有情緒尚未了結。但是，現在就沒必要把這些物品完全保留了，其中有一些已經跟你現在的心境不相符，你會想丟棄。有一些想保留，有一些不知道該不該留，這是很正常的。

或許有朋友要你乾脆將衣服、紀念物等全部丟掉，但大多數人一下子做不來。有位女性很後悔丟掉丈夫的所有物品，真是大錯特錯。每個人都不斷告訴她丟掉丈夫所有東西，她想，這是對的，就去做吧。有一天，她灌下四罐啤酒，好讓自己有勇氣這麼做。在半醉半醒的狀態下，她丟掉了丈夫的所有東西，隔天她立刻後悔不已，但已經來不及了。

在你衝出去把所有東西全丟掉之前，我們來擬一個可行的計畫。可以的話，找個人來陪你一起做，效果會更好。

分堆處理衣服

處理衣物對傷心人來說，是很痛苦的工作。有個方法叫「ＡＢＣ計畫」，也有人說是「三堆計畫」，你也可以用來處理衣物之外的其他物品。

別忘了，這麼做的最終目的，是找出你想留下的東西、丟掉不需要（不想要）的東西。現在，搬出你所有衣服，放在客廳。對，就是把所有衣服搬出來。把衣服分成三堆。一件一件拿起來看，接著將衣服放在你想放的那一堆。如果某一件衣服勾起你的回憶，不吐不快，你可以跟在場的朋友說，或是打電話找人說。三堆衣服的分類方法如下：

Ａ堆：你很確定要留下的衣服。

Ｂ堆：你很確定要丟掉的衣服，也許拿去賣，也許拿去送給別人，也許送給慈善團體或教會。

C堆：你還不確定要不要留的衣服。只要不知道該歸為哪一堆，就放在這一堆。

記住，我們不是在比賽，而是在採取一種可行的明確計畫。站在客廳看著這所有衣服時，你可能會突然明白為何有人把這稱為「三堆計畫」。這三堆的處置方式分別如下：

把A堆放回衣櫥裡；

把B堆送給某人或是捐給慈善團體；

把C堆裝進袋子和箱子裡，拿到車庫或頂樓去放。

然後恭喜一下自己、謝謝來幫忙的朋友。一個月後再把C堆的袋子和箱子拿到客廳，重新再分類一次，同樣分成A、B、C三堆。這次最好還是找個人陪你一起做。A堆是你想保留的，B堆是你確定要丟掉的，剩下的就放回袋子和箱子裡，再放回車庫或頂樓。重複再做一次可以幫你達成目標，留下想留下的，不需要的不留。如果有必要，三個月後再做一次，到最後一定會大功告成，處理完你不想留下的衣服。

新開個戶頭

另一個棘手的問題是處理已故者或永遠離開者的名字開設的銀行戶頭。去銀行開新戶頭時，請找個朋友陪你一起去。

讓紀念日值得紀念

即使所有的調適都做了，還是會有一些時候會令你悲從中來，這是因為你跟摯愛已經建立了很多熟悉的習慣。好消息是，這些日子通常是可預期的，我們稱之為紀念日，不只是一般的週年紀念日，任何對你們有重大意義的日子都算是紀念日。這些日子何時會到，我們心知肚明，所以可以預做準備。

問題是，傷心人常常會把傷心往肚裡吞，他們往往會試圖只靠自己面對這些傷心日子。千萬別這樣，已療癒的傷心人遇到紀念日時還是會很難過，這是正常的。

名人過世，我們也需要療癒

戴安娜王妃香消玉殞之後那一陣子，協會的電話線異常忙碌，有些是心碎的傷心人打來的，有些是國內外媒體的採訪邀約，他們想了解為何會湧現出如此龐大的傷心情緒。他們一再問的問題是：「人為什麼會對一個素昧平生的人、對她的死亡產生這麼強烈的感受？」答案很簡單：「人們都知道她，只差沒親眼見過她而已。」

如果你還記得，前面講到嬰兒早夭時，曾提到人會對自己沒實際看過的人產生一種情緒上的關係。我們都會對仰慕的人產生情緒上的關係，也許是王妃、棒球選手、演員或芭蕾舞伶等，我們會幻想見過他們、與他們共度時光。通常我們沒機會親眼見到他們，大多數人也不會寫粉絲信給他們，等到他們過世時，我們會覺得有一些沒有傳遞出去的情緒。

由於這是一種單向的關係，所以大概不必畫關係圖，但是寫一封療癒完成信仍然有必要。告訴那位已故者，你有多麼欣賞他，告訴那個人，你很難過沒機會當面告訴他。請記得信的結尾要寫「我愛你（如果沒有不妥的話），我會想念你，再見」。如果可以，把信念給一位朋友聽。

第四部

如何面對其他生命中的陷落

開始前的叮嚀

除了親人過世或是離婚、分手等失落，還有很多傷心事讓你感到失落。接下來兩章的內容，就是用來幫助你增強解決失落的能力。

第十四章是有關如何選擇首先得解決的失落。

第十五章是特殊失落的處理守則，這些失落包括：

幼時喪父（母）。

因為父母離婚或是被領養而無父（母）。

嬰兒早夭或不孕。

親人罹患阿茲海默症或失智症。

成長於問題家庭（造成無形的失落，例如信任、安全感、童年的喪失）。

宗教信仰、健康、事業、搬家等其他失落。

第十四章　解開關係的優先順序

選擇該先處理哪個失落、哪段關係，比你想像的還重要許多。即使你打開這本書，是因為最近發生了某個失落、讓你痛苦萬分，但那不見得是你最該優先處理的失落。

從你記得的關係開始處理

這麼問好了：「如果要蓋一棟房子，你會先搭屋頂嗎？如果是，要拿什麼來支撐屋頂呢？」因此，根基很重要，建議你先回顧過往、解決基礎關係，即使那些關係並不是目前令你痛苦的原因。先解決那些基礎關係會有很大的幫助，因為那些關係當中有一些元素會一直被你帶在身上，影響到你日後的關係。

有人想要藉由這本書自我療癒，是因為幼時喪父或喪母，或是因為家庭破碎，造成與雙親長期失聯，還有人是因為年紀很小時被領養，因為不知道自己的親生父母是誰，覺得自己生命中有缺憾。父母的死亡或缺席，或是領養所造成的身世謎團，都是一個人生命中的重大事件，不過並不是療癒的正確起點。

這麼主張的原因有很多，最明顯的是跟年紀有關。如果失落是發生於出生到六歲之間，你對這段關係的記憶很有限。每個人對於生命頭幾年所發生的事（尤其是開始有記憶之前），是很難有正確記憶的，也幾乎不可能畫得出深埋在意識之下的真實關係圖，只能仰賴他人的看法、描述，會很危險。

建議你先著手解決最有記憶的關係，一般來說，就是養育你長大的父母。這無意貶低父母身故或缺席對人所產生的長遠影響，只是因為發生過太多失敗的例子，有太多人想描繪出跟某個幾乎記不得的人的關係，卻畫不出來，最後只能一再重複敘述，父（母）的缺席造成他們多麼難以抹滅的傷痛。

先把你跟熟知的人之間的關係畫出來，寫好療癒完結信，會對你產生很多好處。一來可以幫助你挖掘、了結未化解的情緒，這段關係可能有好有壞，對方還活在世上或是已故都沒關係，對你都會有很大的幫助。

不要忘了，父母有一方身故，另一半往往也很傷心（對離婚雙方來說也是如此），他或她很可能對於處理傷心所知有限，對於協助你處理你的情緒失落也能力有限，而小孩是從觀察父母的行為來學習的，所以回顧過去你可能就會明白，自己在模仿父母的行為。

在傳達傷心這方面，他們有一部分做法或許有幫助，但大多數做法可能都限制了你化解傷心的能力。所以，你必須找出你從他們身上學了些什麼，這樣才能淘汰對你沒有用的部分，採取真正有效的做法來了結你的傷心。

小心隱藏或偽裝的失落

第十章指出，最該優先化解的關係可能沒出現在你的失落史圖上。舉例來說，酗酒之類的麻煩父親常常會出現在失落史圖上，因為這樣的父親對你造成很大的衝擊或影響。不過，你可能因此忽略了你與母親的關係，尤其她如果仍在世的話，往往會變成隱藏性的失落，卻沒出現在你的失落史圖上。

雖然你可能不容易發現，不過你與母親的關係通常會是一段影響重大的未化解關係。第一個原因是母親通常參與了你大半的生命，第二個原因則是，母親必須承受父親帶來的傷心，這往往也會給你帶來問題。也就是說，麻煩的父親可能讓你困擾，但與母親的關係通常才是你最應該先解決的。

配偶過世或離婚失戀

也許你是因為遭逢配偶過世才打開這本書，不過如果你已經做了書裡要你做的一些初步工作，可能就會了解，你跟父母或其他影響你很大的人還有許多未了結的關係。先回去解決跟父母的關係，再來處理你跟已故配偶的關係，可能比較好。當你處理較早以前的關係時，你會挖掘出一些有價值的東西，有助於你處理跟配偶的關係。請別忘了，**你帶進婚姻裡的東西，其實是你從父母那裡學來的，或是跟父母互動時學來的**。

如果你因為離婚或失戀而打開這本書，也請照做：先回頭解決基礎關係（與父母的關係），對你更有幫助。因為你會更透徹了解自己在這段失敗的婚姻或交往關係裡，是怎樣的一個人，讓你更誠實看待這段關係裡的自己，避免一味的把婚姻破裂或失戀歸咎別人做了什麼或沒做什麼。事實上，你會因此更看清，你到底把哪些情緒包袱帶進這段關係裡。

要先處理哪個失落，完全操之在你，但隨時要想想，是否該回過頭去先解決更早之前的關係。請記得，你最後要把這套療癒方法套用於所有影響你生命的關係上。

第十五章

填補這些失落，你可以找到幸福

如果你幼時父母就過世或缺席，希望你已經照著前幾章的建議畫了關係圖，也寫完療癒信，先了結了你跟養育你長大的人之間的關係。再進一步著手處理你跟已過世或無故從你生命消失的父母之間的關係。

幼時父母缺席

畫關係圖，然後把關係圖轉化成三類情緒，再寫成一封療癒完成信，這整個過程仍然適用。第十一章有詳細的關係圖製作方法，請翻回去重讀一次再開始（如果你幼時就被領養，也可以用這套方法來解決你跟從未謀面父母的關係）。

第五章提過，傷心人往往會將已故者「神化」或「妖魔化」，幼時父母缺席的孩子往往會幻想父母的形象，而且幾乎都是正面的。正因為會有這種將缺席的父母神化（有時是妖魔化）的強烈傾向，重複一次第十一章的提醒：「為了確保真實及精確，避免神化或妖魔化，建議你至少要有兩件事畫在中心線上方，至少有兩件事畫在中心線的下方。」這樣你才能做出最精確的記憶，精準描繪出你跟已故（缺席）父母的關係。

許多人會一而再、再而三講述痛苦的「失落故事」，他們不知道**一再把不幸掛在嘴上，正是他們被痛苦卡住的主因**。要成功了結與已故或缺席父母之間的關係，要注意兩件事。第一，要把重點放在你能想起的特定事件上，還有你當時的情緒以及至今仍有的情緒。這可以幫助你脫離「說故事」（說故事就是讓你一再卡住的原因）。第二，要避免太理性，不要一味的理性分析父母的過世或缺席，對你所造成的影響。

關係圖怎麼畫

關係圖的起點，是你對父（母）的第一次記憶（假設你有這樣的記憶），很可能你對他或她根本就沒有記憶，而且悲哀的是，你還得坦白承認這個事實。或許你看過照片或聽過一些故事，但如果沒有真實的記憶，就把你生命中最初的記憶視為這段關係的起點。

在畫與你生命中缺席的人的關係圖時，你會碰到一個障礙：你得想出「沒發生的事」。**要找出應該發生但沒發生的事**，一個方法是去想想，哪一場獨奏會或足球賽是你那缺席的父母沒現身的。或許你一直都很清楚意識到他或她的缺席。你可能覺得自己與其他孩子不同，因為他們都有雙親出席；你可能一直不敢跟你的單親爸爸（媽媽）談論這件事，可能覺得要是說了會很難過。

這類事情可能已經在你小時候上演很多次，只要每逢重要事件就來一次，而你可能對那個缺席的爸爸（媽媽）抱著難以說出口的大量情緒，卻都塞在你的心裡。不要忘記，不是只有童年重要事件才會湧出那些情緒，長大後的畢業典禮或婚禮，也都會製造出難過的回憶，因為父母缺席影響你參加這些場合的心情。

過了一段時間之後，你也有可能學會把那些情緒推到一邊，看似不受父母缺席的影響；但是，不管你多麼擅長把情緒擱在一旁，你八成還是會受到影響。如果你學會本書介紹的療傷方法，知道這個方法最重要的目的是把未了結的部分做個了結，這樣你就不必把情緒推到一旁了。

描繪你跟缺席父母的關係圖時，務必要回顧某些特定事件，還有當時你的情緒反應。在這種關係裡，各種發生過、沒發生過的事件都可能深深影響著你，以下簡單列出幾種：

生日和其他節日。

第一次掉乳牙。

第一天上學。

音樂獨奏會、運動比賽。

交第一個男朋友或女朋友。

與實際上撫養你的長輩爭吵。

當然，隨著你日漸長大，會影響你的事件也會有所不同，不過因為父母缺席，沒有他們與你一起分享重要時刻，你的感受仍然會很強烈。

從關係圖到情緒分類，再到療癒完成信

把你自從有記憶以來到現在的關係圖都畫好之後，接著就該轉化成三大類情緒：道歉、原諒、重要情緒告白。請回頭再看一次十二章，如何將關係圖轉化成三類療癒情緒。

請記得，每一句負面的重要情緒告白都必須搭配一句原諒的話，如果沒有，就變成只是在列舉痛苦而已，無法真正了結。有些人做了痛苦情緒的告白，卻漏掉原諒的話，搞到

最後自己仍未了結。舉例來說，如果寫了：「媽，妳沒有好好照顧自己的健康，結果就這樣離開了我。妳不在了，讓我的生命陷入痛苦。」為了在情緒上做個了結，最好再加一句：「我原諒妳，這樣我才能獲得解脫。」

把關係圖轉化成情緒、寫成療癒話語之後，接著就該來寫療癒完成信。請參照第十二章的說明，千萬不要擅改那個格式，才能達到最佳效果。療癒完成信寫完之後，請找個夥伴碰面（最好就是一直跟你一起做療癒那位），把信念給他聽。

給未出世的孩子，或是不孕

如果你有個孩子早夭，或是一直生不出小孩，請回頭閱讀第十一章，媽媽會更了解該如何描繪自己懷孕卻流產、死胎或早夭的孩子。這個關係圖看似以媽媽為主角，不過爸爸也適用，爸爸也有情緒、也會感嘆某部分若能不同或做得更好，就不會發生憾事，而且爸爸對這個小孩也有希望、夢想和期待。

前面提到有關父母過世或缺席的通則，這裡同樣適用，因為都是處理沒機會認識的人、也都建立了情緒關係。就算是不孕症也適用。我們會跟一心想擁有的小孩建立關係，對他會產生希望和夢想，所以務必要對這種希望和夢想進行「哀悼和了結」，這樣你才有辦法去做另一個選擇，也許是領養。你也可以選擇不領養，但重點是**你必須先把原本的夢想做個了結，才有辦法做出新的選擇**。

有些人懷孕了，但胎兒從未出生或沒有存活，沒有人教他們要替孩子取個名字。關係圖和療癒完成信給你一個機會，讓你可以替你已經建立起關係的寶貝取個名字。不孕症的人也可以這麼做，你一樣能為你渴望擁有的小孩取名字，雖然你沒有懷孕，但你當然還是跟這個小孩建立了關係。給他一個名字，有助於關係圖與療癒完成信的完成。

親人失智或阿茲海默症

眼睜睜的看著對我們意義重大的人一點一滴忘記你，是最大的痛苦之一，尤其如果他們外表和聲音都仍然一如我們所熟悉。

有位母親逐漸陷入阿茲海默症的世界裡，令她已成年的女兒也落入天堂與地獄的交界處。一開始，這位母親偶爾會忘了女兒的名字和其他細節，接著母親的記憶繼續一點一滴消失，女兒一直努力想讓媽媽回到過去的狀態，但是天不從人願，母親只有更加惡化，最後甚至說出：「這個好心的小姐，妳叫什麼名字？」

隨著母親情況惡化，女兒也越來越沮喪，到最後甚至不再探視母親，因為看到母親變成那個樣子，實在令她太難受。距離她最後一次探訪一年後，女兒接到安養院來電告知母親過世了。除了母親過世帶來的傷心，女兒還感到深深的內疚，懊悔獨留母親一人在安養院過世。這是一個可以避免的悲劇，至少可以避免獨留失憶的母親一人在安養院。

當然，**採取療傷行動的時機是越早越好**，一知道重要親人罹患初期阿茲海默症時就得儘早展開，不過關係圖和療癒完成信什麼時候寫都可以。

關係圖的畫法沒有不同，不過重點是要把關係圖分成兩部分。第一個部分是從你記憶中與這個人的第一接觸開始，一直到他病發、變了個人為止。然後把第一部分的關係，寫成療癒完成信，當你寫到「再見」時，別忘了你是在跟他病發之前這段關係說再見，所以你還是可以跟病發後的他重啟一段新關係。

第二個部分則是他病發之後與你之間的關係，這段關係或許有很多令人沮喪、氣餒的情緒，以及隨之而來的情緒。如果你的包容度一直不高，對他的病情也不夠體諒，很可能這就是你應該向他道歉的地方。同時，你也有很多地方必須原諒他，例如他跟你說話的方式、他對你做的舉動。另外，你大概也會有一些痛苦的情緒告白，你得告訴他，看著他這樣一點一滴忘記你，對你來說很煎熬。

如果你已經做了跟他之間第一部分的關係圖、療癒完成信，那麼，就開始做第二部分他病發後的關係圖、療癒完成信。唯有這麼做，你才會獲得解脫，能繼續與這個你深愛的人相處，即使他已經不是你熟悉的那個人。

問題家庭留下的傷痛

成長於酗酒的家庭，或是雙親之一或兩人都有精神疾病，鐵定是重大失落。不可以只解決酗酒或有精神疾病的那個人，最好把你家庭生活牽涉到的每個人，都個別畫關係圖、寫療癒完成信。

失落的東西看不到、摸不著

問題家庭裡有很多糟糕的事，在這樣的環境下長大的孩子，因此喪失一些無形的東西。例如喪失「正常的生活」，被迫忍受、面對毫無道理可言的事情，這對孩子來說尤其嚴重；喪失信任，要小孩在瘋狂的環境下成長，還指望他能信任人，是不可能的；喪失安全感，在酗酒與精神疾病的環境裡，非理性的行為層出不窮，孩子時時處於不安，無法得到安全感。處於這種環境下還會有一種很大的失落：失去童年。

你或許能體會這樣的失落。

這些失落在長大之後，很可能還會繼續影響你，尤其是需要信任和安全感的親密關係。可惜，光是意識到你可能有這些無形失落，並不足以終結它們，你得做些事來重建你曾經有過、但喪失已久（或根本不曾有過）的信任和安全感（請注意，以上這些失落任何一種都可能發生在看似「正常」的家庭裡）。

準備將每一個關係圖轉化成三大類情緒時，不要忘記你可能會有的無形失落。你必須透過重要情緒告白、原諒，來傳達那些失落，例如：

爸，因為你愛喝酒，導致我從來不敢把朋友帶回家。我沒有把握、更沒有信心你不會讓我難堪。我從來都不覺得自己出身一個正常家庭，當我回頭看，看到永遠得提心吊膽的自己，感覺我好像從來沒有童年。我必須原諒你，我才能獲得解脫。

以上短短的幾句話，就可以處理無形的失落。

前面提過，子女有時候只會把焦點放在酗酒那位父親（或母親）身上，忽略他的另一半也會帶給子女未了結情緒的陰影。以爸爸愛喝酒而不敢帶朋友回家的案例而言，很可能媽媽的反應也是同樣嚴重、甚至更嚴重的問題，子女寫給媽媽的話就可能是：

> 媽，爸爸喝酒的時候，妳的反應好激烈，我好像生活在一個隨時要爆炸的家裡，一刻都不能放鬆。甚至我長大以後情況也沒有好轉，即使身邊明明一片安然無事，我還是得提高警覺。我要原諒妳不斷令我提心吊膽、讓我覺得下一秒我就完蛋了。我必須原諒妳，我才能獲得解脫。

這些年來，常有人問起該如何處理其他的失落（不能直接歸在死亡和離婚）、關係圖該怎麼畫，最常見的是喪失宗教信仰、失業、轉職、健康亮紅燈和搬家。

這些失落看起來似乎像是只跟自己一個人有關，不過在我解釋如何處理這些失落的過程中，你會明白這些失落多少還是跟你生命中重要的人很有關係。

接下來，我們就要開始處理上面提到的這些特殊失落，不過在你動手了結這些失落之前，務必要把本書前面提過的步驟都做過，尤其一定要先處理對你影響最大的人，少了這些基礎行動，要了結上述這幾種特殊失落往往只會流於理性與分析。只要你確實遵照本書的導引，就能最有效的了結影響你生命的任何失落。

我們一起來處理人生中其他幾項重大的失落，包括信仰、工作、健康等。首先是喪失信仰，這部分會解釋得非常完整，就算你沒有信仰喪失的問題，也請從頭到尾讀完，因為工作、健康等其他幾種失落的處理，仍然不脫這些原則。

信仰瓦解了

有兩種常見的情況讓你會覺得，你已經喪失對上帝或宗教的信仰。其中一個是某個特定悲劇，造成你對上帝的信仰蕩然無存；還有一個是長時間、一點一滴的喪失信仰。一般來說，你通常不只流失對上帝的信仰，你甚至對宗教信條、神職人員、家人還有教會相關人等，都逐漸喪失信心。你之所以意識到信仰流失，有可能是一連串對上帝、信條或相關人等的失望。

不管是什麼原因造成你信仰流失，本書會告訴你該如何了結你心裡的未了結情緒，透過這些方法，你可以跟上帝，以及任何造成你信仰流失的人、事件、機構做個了結。

一開始，你得先將你的信仰做成關係圖，這張圖可以幫助你找出哪些部分與上帝直接相關、哪些部分是跟人有關。這張信仰關係圖包含了幾個更細節的關係圖，分別包括你跟上帝、你跟影響你信教旁人的關係。

開始畫之前，請先回頭看第十一章，看看該怎麼畫關係圖。回想過去所發生的事件和人時，請把正面或快樂的經驗畫在中心線上方，把負面或痛苦的經驗畫在中心線下方。

在你回想的那些事件中，你可能是因為某些「已發生」的事以及某些「沒發生」的事而出現情緒，影響到你跟上帝的關係，包括正面、負面都有。把所有牽涉到的人名都加進來，還有事情發生的年分，如果有些名字、日期或細節想不起來，不必非想起來不可。

從你記憶中跟宗教最初的相遇開始，畫出你的信仰關係圖，裡頭可能包括：

你的父母。

天主教神父、猶太教拉比、基督新教牧師（神職人員）。

教堂、廟宇、清真寺（以下均通稱為教堂）。

你教會的信條。

關係圖上你會標示，到了某個階段，你開始學習你的宗教教義，你或許喜歡那些教義，也或許不喜歡，很可能經歷過好幾段心存懷疑的時期。如果你對那些宗教原則很有想法和感受，就寫在關係圖上，這些很可能就是一直影響著你的東西。

我聽過有些孩子在童年時發現，教會的牧師等領袖說一套、做一套，並沒有遵守在講臺上諄諄訓誡別人的規則。如果你也有這樣的經驗，很可能也會令你喪失信心，造成日後的信仰喪失，就算不是失去對上帝的信仰，也會對那些教你上帝訓誡的人信心全無。另一個重點是，你有沒有把你對宗教的感受告訴過任何人？那個人有沒有試著說些什麼、做些什麼來幫助你。這些都會影響到你的信仰，也應該納入你的關係圖裡。

畫完之後，要轉化成三大情緒：道歉、原諒、重要情緒告白。想再看一下該怎麼做，就翻回第十二章。把關係圖上每個事歸類到一個以上的三種情緒，你就可以清楚看出哪些是跟上帝直接相關、哪些是跟相關人等有關。花點時間和精力，一一把你挖掘出的情緒轉化為療癒話語，你做得越徹底，對你寫療癒完成信會越有效。

你可能跟某些人的關係不深，但他們在宗教上對你的影響或指導，仍然讓你心懷感激，你不需要道歉或原諒，只需要一句簡短但很有力量的情緒告白：「謝謝。」

把關係圖轉化成情緒、療癒話語之後，就該來寫療癒完成信，下筆之前請再翻回去看一次療癒完成信的寫法說明，請特別花點時間整合一再出現的情緒，不必在信裡一直重複。接下來，把你列好的三大情緒對應的療癒話語拿出來，轉為療癒完成信。

請記得，這封信除了是寫給上帝，同時也寫給好幾個人，你的關係圖上所有人和所有關係都包含在內，就好像一棵枝幹茂密的樹，每一個人、每一個事件都是這棵樹的一部分。因此，我們建議以稍微不一樣的開頭來寫療癒完成信，你可以這麼寫：「我回顧了我跟宗教信仰、跟上帝的關係，還有跟宗教方面相關人等的關係，我發現有些事必須說。」

之後每一句話的開頭最好都寫下對方的名字（如果你記得的話），如此一來可以區別出你每一句話鎖定的對象，等到你開口念信時，才會有情緒、真正帶來效果。

你的療癒完成信首先提到的或許和父母有關，如果你最初與父母的回憶是正面的，你很可能會說：

媽，非常謝謝妳教我認識上帝和天堂，我還記得小時候知道這些事的時候，感到很安心。媽，謝謝妳帶我去上主日學，還有鼓勵我讀《聖經》。

話說回來，如果你最初的記憶不是正面的，你可能會說：

媽，我原諒妳逼我去上主日學，那裡的老師好凶，還會嚇唬我，說我要是不相信她的話，就會有什麼什麼不好的下場。媽，我還要原諒妳，當我告訴妳這件事時，妳並沒有幫助我。

你的記憶或許不像以上這兩個例子那樣非黑即白，很可能是同時包括正面和負面的情緒，而且你對爸爸的感受或許有別於對媽媽的感受，你可以分別對他們說出你心裡的話。

接下來要寫的對象可能是主日學老師，你對他的感覺或許是正面，可能是負面，也許兩者都有，把你的情緒歸在適當的類別寫出來。重點是間接傳達出你未表達的情緒，傳達給那些對你的宗教信仰造成影響的人。或許多年前發生某件事的時候，你已經謝謝過你的主日學老師或牧師，不過你現在或許覺得有必要再用強烈一點的情緒表達一下，像是：

喬伊牧師，我想告訴你，你的教導對我日後的人生幫助很大，也深深影響我教導小孩的方式。謝謝你。

如果有些負面的話想說，也請採用這樣的語調，不過話裡要有原諒，例如：

葛萊澤先生，我記得你以前教我有關惡魔的事時，讓我非常害怕，那份恐懼一直盤據在我心頭不去。我必須原諒你，我才能獲得解脫，釋放那份恐懼。

很多事發生，毫無理由，許多人因此對上帝懷有怒氣，尤其是如果自己或重要的親人遭遇不幸。你可能很生上帝的氣，但又對這股怒氣隱隱感到不妥；你很可能覺得必須原諒上帝，但又深怕「原諒上帝」似乎是很不敬的想法。**如果你因為發生了某事或沒發生某事而遷怒上帝，那麼你一定要原諒（記得嗎？原諒的意思是不再恨了），否則你永遠無法重拾對上帝的信任**，就算你覺得沒有必要重拾對上帝的信任，但是你的心靈帶著滿腔怒火，對你也沒有好處。

話又說回來，你很可能也會有一些非常重要的正面情緒要傳達，例如你覺得上帝陪伴你度過了某些困境，你可能會說：「神啊，謝謝祢一直陪伴著我和家人，陪我們熬過表親死於車禍的不幸。」很多情況都適用這樣的說法。請用你自己的信仰、語言，表達心裡重要的情緒。

關於與上帝的溝通方式，我們知道很多人有不同的想法，我們也不是要大家採取令自己不舒服的方式，但我們建議你把正面與負面的情緒都直接傳達給上帝，不管是道歉、原諒，還是重要情緒告白，都盡可能直接。**你越直接傳達出自己的想法和感受，了結的程度越高**。

信的結尾就像開頭的問候一樣，除了上帝之外還有其他許多人。結尾的方式同樣也有很多種，再強調一次，**結尾那一聲「再見」是絕對必要的**。沒錯，就是要你務必要跟上帝及相關人等說再見。別忘了，說再見不代表這段關係的結束，而是這段溝通的結束。有個方法，你可以將所有人都納進來一起道再見，例如：「我得停筆了，我也得釋放所有跟上帝、跟宗教、跟所有相關人等的痛苦。再見。」或者你想鎖定上帝和特定幾個人來說再見，那也無妨，隨你，只要記得信的結尾務必要說再見就好。

寫完你的療癒完成信之後，剩下的工作就是念出來，對著一個令你安心的人念出來。

失業或轉行

工作方面的處理方式，跟上面提到的宗教信仰處理方式一樣，如果你跳過信仰那一段，請翻回去讀，才會更了解以下的內容。

你跟工作的關係，可以從你的第一份打雜開始算起（前提是你有做過一些打雜工作）。你的打雜工作可能替你賺到一些零用錢，若是如此，就寫進關係圖裡。

另外，你也會開始回想起過去看到父母做的一些工作（或是看到父母沒有工作）。他們的工作穩定嗎？他們表現出很好的「工作倫理」嗎？如果你家只有爸爸出外工作，那麼媽媽有認真做家務，給你樹立好榜樣嗎？如果是媽媽出外工作、爸爸待在家裡，你也要問以上這個問題。你童年時的種種觀察，不論好壞，都會塑造你對「工作」的認知與感受。

依照時間寫下你做過的工作，從小時候的打雜工到現在的正職員工，例如從除草、當保姆一直到領固定薪、獎金的工作。記載你一路的工作歷程時，回想起老闆、上司、同事，你喜歡其中一些人，也會有討厭的人，有些人對你很好，也有些人想盡辦法找你麻煩，你都要寫進關係圖裡。

完成關係圖之後，就必須把這些事件、人分別歸到三大療癒要素裡頭，然後找出你的療癒完成信要寫些什麼情緒告白。以下再舉個例子，你的對象假設是你十幾歲打工時，炒你魷魚的老闆：

我那天不小心遲到，你就把我開除，我因此懷恨多年，但是那件事真的讓我學到東西，從那時起，我對自己每個承諾都認真看待，永遠都準時赴約。我原諒你把我開除，也謝謝你給我上了寶貴的一課。

在今天的職場，裁員與縮編的情況到處可見，就算你是優秀員工也難逃。如果收到裁員通知，會感覺老闆似乎不太在乎你個人、你的幸福或你的情緒反應，所以，「原諒」就成了你能否了結的重大要素。

準備下筆寫療癒完成信時，可以用以下這種開放式的格式來起頭：「我回顧了我跟工作的關係，發現有些話想說。」前面在說明信仰那個部分時曾提到，關係圖和療癒完成信會包含很多人在裡面，工作也是一樣，你的信裡會包含所有影響你職場生活的人。

工作方面要處理的常見問題是：我們對職場生活的希望、夢想和期待不見得一定會成真。所以，請利用這封療癒完成信來對那些夢想說再見，你才能重新擬定一些可達成的新夢想。

就跟其他療癒完成信一樣，我得再提一次信尾那一聲「再見」的重要性。有個方法，你可以一起對所有相關人等說再見徹底了結，就像這樣：「我得停筆了，也得放手讓所有與工作相關、與這些人相關的痛苦都遠離。再見。」

健康亮紅燈

就像前面的工作一樣，這個部分的基本原則，也跟本章一開頭說明的喪失信仰一樣。請花點時間翻回去重讀一次，熟悉那個方式，好讓你也能運用在健康這個部分。

本書要再一次把你帶回最初，你生命的最初。你小時候是個運動健將嗎？你會跳舞嗎？你做很多身體活動嗎？如果以上這幾個問題的答案都是肯定的，那麼你的關係圖將會比較好畫，你會記得自己以前喜歡做的事，你會記得那些事都是跟誰一起做的。請注意，你或許不會完全記得小時候跟你一起玩的所有人名字，也或許不會精確記得什麼時間點做了哪些事，沒關係，**你當時在運動身體時所產生的快樂或痛苦情緒，才是重點**。

等你稍大一點、開始成熟後，可能對自己的身體開始有正面或負面的感受，在意自己的身體外表、在意別人對你的身體的看法。你可能也生過幾次病或身體出了問題，害你不能出去玩、不能運動（就連健走、騎腳踏車或游泳都不行），一旦不能做這些事，你傷心的程度，就相當於你有多喜歡的程度。

如果你不是好動的人（不運動、不跳舞、不做戶外活動），你的關係圖就會稍有不同。有些人的人生樂趣主要是來自大腦活動，而不是身體活動，即使如此，這並不是說這種人就可以跟身體和健康完全切斷關係，也不是說健康折損不至於產生重大影響。

事實上，健康出現問題還是可能影響你閱讀、使用電腦、追求其他嗜好的能力，有時候就是因為我們的身體失去活動力之後才意識到，自己從來沒有好好花時間運動。

不管是哪一種情況，當你在畫你跟「身體活動」的關係圖時，通常會牽涉其他人。如果是運動，就會有隊友、教練以及那個運動圈子的人。同樣的，你可能喜歡其中某些人、不喜歡另一些人，每一個人都可能是你必須處理的關係。「謝謝你一直是很支持我的隊友，我還記得你不斷給我鼓勵，對我的幫助真的很大。」或是「雖然是同一隊，但你從沒幫助過我，我原諒你這麼自私。」

對許多人來說，運動、登山、跳舞等身體活動可以讓他們的生活取得平衡，幫助他們減少工作、學業等掛心的事帶來的壓力。**活動身體是一種非常有療效的方式，可以讓我們的腦袋休息**，所以身體失去了活動力是一種很大的失落，不該輕忽或等閒視之。

健康受損，往往也會令人失去原本該有的獨立自主性。別輕忽了健康出狀況，失去健康可能限制了我們開車的能力，同時也剝奪了我們的獨立感。比起其他大部分失落，失去健康更容易令人感覺脆弱，隨之而來的就是失去安全感。

寫療癒完成信的時候，某些重要情緒告白的對象會是參與你身體活動的人，不過也有一些告白必須是對你自己的身體說。這麼做，旁人看起來或許覺得很好笑；不過，你的確該謝謝自己的身體，讓你可以從事一些帶給你快樂的活動。在工作那個部分提到，療癒完成信裡頭必須向過去的希望和夢想說再見，如此才能懷抱新的希望，健康也是一樣。你務必要透過關係圖和療癒完成信，跟你過去能做的事說再見，這樣才能把接下來的重點放在現在還能做的事情上頭。

處理健康問題時，你可能會突然明白，某些問題是跟你有沒有好好照顧身體有關，若是如此，關係圖和療癒完成信就是讓你向自己道歉的好機會，對你沒有好好照顧身體致歉。對自己道歉看起來有點怪，不過無論如何請務必執行。有些人比較想原諒自己，而不是道歉，你可以看自己習慣哪一種。

最後一個重點：有些人對自己的身體、運動能力或活動能力之所以產生負面想法，是受了父母、兄弟姊妹或別人的影響。如果你是其中之一，小心，那些負面想法會跟著你一輩子，限制你的身體活動。同樣的，畫關係圖和寫療癒完成信也是個好機會，讓你可以原諒那些人，原諒他們讓你的身體、健康和活動能力受到限制。

搬家之前，跟房子道別

搬家也許是所有傷心經驗中最容易被輕忽的，你只要把之前我們所討論傷心的定義拿出來看，就知道原因了。傷心是矛盾的情緒，起因是你熟悉的某種行為模式終止或改變了。搬家是最符合這個定義的，因為搬家時，每一件熟悉的事都改變了。

筆者的著作《孩子傷心時》（*When Children Grieve*）裡，有一段約翰以第三人稱敘述的故事。雖然這看似約翰在說他的兒子，但其實與每個人都有關，不論年紀大小。

一九八七年，約翰和妻子潔希、六歲的兒子柯爾準備從洛杉磯一間公寓，搬進一個新社區的獨棟房子。這時候的約翰已經協助傷心人好多年了，深知傷心是矛盾的情緒，肇因於熟悉的行為模式發生了改變或結束。

約翰很早就知道，人生第一次搬家是影響小孩最深的失落之一，無關新家是不是更大、更好，也無關是從某個城市、某一州，搬到另一個城市、另一州，或者只是從鎮上這一頭搬到另一頭。

小孩通常會抗拒改變，因為改變聽起來很嚇人。對小孩來說，搬家當然代表了所有熟悉的事物都即將改變。還有誰會受到影響呢？你猜對了，就是父母。

提到搬家，大部分的情況是收入變多了，有能力要搬到更大的房子去，這是好事。但是不論房子大小、新舊，小孩就是習慣原來的地方，他們熟悉舊房子，舊房子也似乎熟悉他們，他們熟悉屋裡每個角落、牆上每條裂縫，因為那是他們的家。搬新家的興奮會夾雜著離開舊家的難過，就算孩子不喜歡舊家，對舊家還是很熟悉，那種好壞交雜的情緒，正是我們所謂的「矛盾感受」。

有時候不是那麼幸運，搬家是從大房子換到小房子，這時不僅僅是熟悉的事物改變了，還可能因為家裡財務發生困難，父母的情緒常常不好。小孩也許不了解缺錢是怎麼一回事，但會察言觀色的小孩多少還是注意到，爸媽有些地方跟以前不一樣。小孩通常會聽到父母深夜為錢爭吵，或者感受到父母之間無言的冷戰，意識到家裡有些事不對勁。

請記得，所有重大改變都會在小孩和大人的心裡產生情緒能量。

柯爾很興奮新家有院子，還有他自己的游泳池，也很高興自己的房間變大。同時，他很難過要離開同學和鄰居那些朋友。約翰知道，這次搬家將是一個絕佳機會，可以趁機教導柯爾，如何處理即將體驗到的矛盾感受。

於是，約翰為全家人安排了一趟懷念舊家的旅行。他們談論每一個房間曾經發生過的事，柯爾很快就感染了這股情緒，他們分享每個房間共有的快樂與傷心，感謝每個房間帶給他們安全、保護他們免於受寒受暑。他們回憶一些重要事件，像是柯爾第一次掉牙、第一次學會寫自己的名字。每離開一個房間，他們就向房間說「謝謝」和「再見」。

這趟緬懷之旅不僅柯爾受惠，也讓約翰和潔希回想起、談論許多記憶。到了搬家當天，柯爾眼眶含著淚水對他從出生到至今的房間揮手道別。柯爾對新家適應得非常好，了結完他跟舊家的關係之後，他就能夠與新家發展新的關係。約翰和潔希也一樣，對舊家仍然懷有美好回憶，同時他們也在新家建立了更多美好的回憶。

時光飛逝，柯爾準備離家上大學了，雖然他的房間仍然會等著他回來度假過節，他還是仿照十三年前的做法，做了一趟緬懷之旅，先做好心理準備，接受他的離家將導致日常活動發生改變。約翰和潔希仍然會跟柯爾一起回憶過去十三年的點點滴滴。

柯爾接下來的生活大多會在學校宿舍度過，在那裡將會發展出新的行為模式，而且你大概已經能想像再過四年後，柯爾大學畢業時，他會做些什麼。

儘管看來傻兮兮的，做就對了。你下次搬家時，試試約翰家的做法，就算沒有小孩也要做。不要一個人做。約翰和潔希、柯爾是三個人一起做的，他們每一個人都個別說出對每個房間的回憶。就算你是一個人住，也要找個朋友來，請他聆聽你述說的回憶與道別。

有很多大人和小孩，因為沒有適當了結他們與舊家重要的關係，而受到負面影響。這個簡單的方法可以確保你平順過渡到新家。你進行緬懷之旅時，可能會挖掘出某些未發覺的情緒。這時可以利用你從這本書學會的方法，回過頭把新挖掘出的情緒做個了結。

其他該注意的事

失落史、關係圖以及療癒完成信該寫幾項？

失落史和關係圖裡頭該寫幾項？由於每個人都不一樣，所以沒有正確答案。每個人的個人風格不同，也是造成差異的原因。打個比方，約翰不論說話與寫字都很簡短；羅素就比較多話一點，你從本書的失落史圖和關係圖範例就可看出差異。

這項行動的目的是精確，不是看數量。有些人寫了很多項進去，卻只是一再重複列出同樣的事，這辜負了失落史圖、關係圖原先設計的美意。這不是說，你不可能會遇到很多死亡失落，而是說，你只須列出跟你關係深刻的亡者即可。好比說，與你只有兩面之緣的遠房表兄弟姊妹去世了，也許不必納入你的失落史圖裡。

那麼要寫幾項？**失落史的通則是：大概六到二十項**。一般人平均寫十五項，如果你寫的數量遠超過二十項，就可能需要檢視一下是否重複了類似事件，或是把關係不夠深的人都列進來了。

至於關係圖，中心線以上大概是五到十五項，中心線以下也是。這段關係基本上是正面還是負面，就會決定這張圖的重點是偏向上方還是下方。不過，如果上方或下方的數量都很多，就得檢視是否一再重複了同樣的事件，這會造成你陷在負面的痛苦情緒或不切實際的正面想像之中。

將關係圖寫成療癒完成信時，以上的準則也適用。

「已經盡力了」是負面用語

有句老生常談、往往成為情緒了結的障礙：「他已經盡力了。」這句話十之八九說的是跟你的關係不是很正面的人。就算以理性的角度來看或許沒錯，但這句話在情緒上並沒有幫助。

有很多人會在療癒完成信接近尾聲的地方加進這句話，但是一陣子過後卻發現，他們並沒有感覺了結。他們在療癒完成信裡是這樣寫的：「你已經盡你所能了。」一旦加了這個句子，就等於不小心把前面宣告的原諒給推翻，不知不覺之下，等於是在替對方不好的行為找藉口。從理性的角度來看，每個人不管做什麼當然都是盡自己所能，不然就不會那麼做了；但是換另一個角度來看，也可說某人是「盡其所能」在摧毀我們。

想一想，你的父母、養育你長大的人，有可能就是沒有童年的可憐人，日後遇到的傷心的事件，一樣擺脫不了「受害者」這個稱呼。他們或許飽受酗酒、精神疾病或是殘暴對待，對此，你可能給予同情，不過很可能在他們飽受那些折磨的同時，也加了一些副作用在你身上。

即使他們做了一些傷害你的事，你對他們的遭遇也寄予同情，但還是有個比較好的方法來傳達你的情緒。

不要用「他們已經盡力了」來幫他們開脫，這樣只會把你療癒完成信前面所宣告的原諒給抵銷掉，你應該說：「〇〇，我很同情你的遭遇以及你受到的影響。」這句話應該放在療癒完成信快要收尾的地方，而且一定要放在所有該講的原諒之後。

寫療癒完成信，不要問問題

療癒完成信另一個大忌是：用問句。在信裡向一個已過世的人提問，顯然是得不到回答的。我看過有人這樣問：「爸，你為什麼不好好照顧自己的健康呢？」問一個永遠得不到答案的問題（雖然這個問題很有道理），只會讓你自己無法了結。

療癒的目的是情緒上獲得了結，所以你不該問一個無法回答的問題，來讓自己注定療癒失敗。

很明顯，亡者無法回答你的問題，不過，我也不建議你在療癒完成信裡向活人提問。不要忘了，你寫信的對象如果還活著，你也不能直接念信給他聽，因為信裡有原諒的部分，而原諒是不該直接當面說出口的。因此，不管你問什麼問題都不會得到答案。你當然可以選擇問還在世的對象問題，這裡的意思是，不要在療癒完成信裡問。

利用附註信來做額外的了結

對於父母、所有對你產生影響的相關人，你都完成了關係圖和療癒完成信，但很可能你還是覺得沒有了結。若是如此，再回過頭去鎖定你喪失信任、安全感、正常童年的部分。你可以再畫關係圖，追加寫一封附註信，內容針對你想到的，所有造成你沒有安全感、不信任的事件或情況。請參考第十二章的「發現新的未了結情緒，立刻了結」段落。從約翰後來追加的那封附註信可以看出，你不必回頭把整個關係圖和療癒完成信重做一遍，只須處理新挖掘到的狀況。

同樣的，你務必要把信念出來給另一個「活人」聽，這個人必須是「可以令你放心的聆聽者」。

結語 採取行動，一個人的療癒就會成功

傷心人必須採取一連串看起來微小、但正確的行動，才能從傷心或失落中療癒成功。我們很高興可以透過本書二十週年紀念版的發行，有機會將一些新增的方法加進來，協助你進行療癒。

我們知道很多人會閱讀這本書、喜歡這本書，並且從中受惠，但是，他們也許不會實際採取療癒的行動。你願意閱讀這本書、喜歡這本書，令我們深感光榮，但是，如果你能確實身體力行來療癒（不管是找伴一起，或是一個人療癒都好），我們會更高興。

請不要因為讀了這本書、懂了這些方法，就以為自己已經得到療癒。一定得採取行動，才會獲得療癒的效果。

對於你的勇氣與意願，我們百分之百支持且尊重。

約翰與羅素

致謝

約翰的感謝

傷心療癒協會經過了三十幾年，要感謝的人太多了。我想謝謝Tommy Atkinson、Dan Brintlinger、John Borgwardt、Duane Chambers，還有Steve和Terry Huston。我要特別謝謝他們在協會草創初期的協助。另外還要感謝我第一位事業夥伴Frank Cherry，一開始就是他在幫我。

這本書能夠出版，我要感謝經紀人Jonathan Diamond，還有哈潑柯林斯出版社非常能幹、談笑風生的編輯Trena Keating。

還有一個人是我必須感謝，也最想感謝的，那就是我的夥伴兼朋友羅素。他最初是趕不走的志工，現在則是與我肩負共同使命的夥伴。我們一起笑、一起哭，一起想盡辦法把希望傳遞給所有最需要的人。

我還要謝謝我的一雙子女，艾莉森和柯爾。二十多年前，柯爾才六歲，有一次他接受採訪，被問到知不知道爸爸是做什麼的，他想了一下，開口說：「我爸爸在幫助傷心人。」他當時說得沒錯，現在更沒錯。我對他們兩人的愛，言語無法形容。

我也要謝謝成千上萬的傷心人，他們願意與我分享他們的痛苦、希望和夢想。若是沒有他們的坦誠參與，協會不可能這麼成功，也不可能接觸到這麼多傷心的人。

當然，我怎麼能不感謝我妻子潔希呢？喪子之後，我以為這輩子不會再有快樂，就像很多人一樣，我強顏歡笑，內心在哭泣。然後，潔希走進我的生命，這麼多年來，她一直陪在我身邊。她支持我的工作，忍受我三天兩頭在外奔波、長時間工作，還有客廳裡不時出現的哭泣傷心人。她甚至去上遊戲節目，贏取獎金來捐給她最愛的傷心療癒協會。在這過程中，她仍然繼續自己的表演工作，她贏得了粉絲和同僚的喝采，我們家有兩座艾美獎。我對她的愛和欣賞，她都了解，不過我還是要謝謝她，告訴她：「我愛妳。」

羅素的感謝

朋友與認識的人一得知我的工作，總會問我：「這個工作會不會讓你的情緒耗盡？」我的回答是：「我的工作會令人情緒振奮。我想不出還有什麼工作，可以像這份工作一樣，填滿我的心與靈魂。每協助一個傷心人，看到他們好起來，我也跟著好起來。」

我自己就是這套療傷原則和方法的受益人，我的人生已經改變。我從來沒有這麼快樂過；我難過的時候，我全心去感受難過。所有感受都是好的，生命不再是痛苦，也不再是必須咬牙忍耐的折磨。

我的感謝和愛要獻給：

我想念妳，老媽。

我的好友老爸。

我一生的伴侶Alice。

我的事業夥伴和朋友約翰。

我的女兒凱莉。

我的朋友Claudia。
我的外甥女嘉比，還有她的媽媽Liza。
我美好的雙胞胎姊姊Margie和Patti。
我很棒的小弟Ken。
我兩位美麗的前妻薇薇安和珍。
我個人的精神導師Victor。
我的高爾夫球友Laurie、Willie、Frank、Ken，他們不僅要忍受我蹩腳的揮桿，還得容忍我心情上的攞盪。
還有所有共事的人，特別是Kathleen和Deb。
（按：本書內文中出現過的人名以中文表示，其他以英文表示。）

Think 220

一個人的療癒

真正的放下，是你不介意再度提起

作　　者／約翰・詹姆斯（John W. James）、羅素・傅里曼（Russell Friedman）
譯　　者／林錦慧
美術編輯／林彥君
副 主 編／馬祥芬
副總編輯／顏惠君
總 編 輯／吳依瑋
發 行 人／徐仲秋
會　　計／許鳳雪
版權經理／郝麗珍
行銷企劃／徐千晴
業務助理／李秀蕙
業務專員／馬絮盈、留婉茹
業務經理／林裕安
總 經 理／陳絜吾

國家圖書館出版品預行編目（CIP）資料

一個人的療癒：真正的放下，是你不介意再度提起／約翰・詹姆斯（John W. James）、羅素・傅里曼（Russell Friedman）著；林錦慧譯. -- 三版. -- 臺北市：大是文化有限公司，2021.12
256面；14.8x21公分. --（Think；220）
譯自：The Grief Recovery Handbook
ISBN 978-626-7041-00-0（平裝）

1. 悲傷　2. 失落

176.52　　110014385

出 版 者／大是文化有限公司
臺北市中正區衡陽路 7 號 8 樓
編輯部電話：（02）23757911
購書相關資訊請洽：（02）23757911 分機 122
24 小時讀者服務傳真：（02）23756999
讀者服務 E-mail: haom@ms28.hinet.net
郵政劃撥帳號：19983366　戶名：大是文化有限公司

法律顧問／永然聯合法律事務所
香港發行／豐達出版發行有限公司
Rich Publishing & Distribution Ltd
香港柴灣永泰道 70 號柴灣工業城第 2 期 1805 室
Unit 1805, Ph.2, Chai Wan Ind City, 70 Wing Tai Rd, Chai Wan, Hong Kong
Tel：21726513　Fax：21724355　E-mail：cary@subseasy.com.hk

封面設計／林雯瑛
內頁排版／藍天圖物宣字社、顏麟驊
印　　刷／緯峰印刷股份有限公司

出版日期／ 2021 年 12 月 三版
定　　價／新臺幣 360 元（缺頁或裝訂錯誤的書，請寄回更換）
ISBN 978-626-7041-00-0
電子書 I S B N ／ 9789860742961（PDF）
9789860742985（EPUB）
Printed in Taiwan

THE GRIEF RECOVERY HANDBOOK: THE ACTION PROGRAM FOR MOVING BEYOND DEATH, DIVORCE, AND OTHER LOSSES INCLUDING HEALTH, CAREER, AND FAITH (20TH ANNIVERSARY EDITION) by JOHN W. JAMES, AND RUSSELL FRIEDMAN